臺灣歷史與文化 研究輯刊

五 編

第 17 冊

日治時期電影的文化建制
（1927～1937）

卓 于 綉 著

花木蘭文化出版社

國家圖書館出版品預行編目資料

日治時期電影的文化建制（1927～1937）／卓于綉 著—初
版—新北市：花木蘭文化出版社，2014〔民103〕
目 2+130 面：19×26 公分
（臺灣歷史與文化研究輯刊 五編：第 17 冊）
ISBN：978-986-322-649-9（精裝）
1. 電影文學　2. 文學評論　3. 日據時期
733.08　　　　　　　　　　　　　　　　103001770

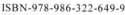

ISBN-978-986-322-649-9

9 789863 226499

臺灣歷史與文化研究輯刊
五 編 第十七冊　　　　　　　　ISBN：978-986-322-649-9

日治時期電影的文化建制（1927～1937）

作　　者　卓于綉
總 編 輯　杜潔祥
副總編輯　楊嘉樂
編　　輯　許郁翎
出　　版　花木蘭文化出版社
社　　長　高小娟
聯絡地址　235 新北市中和區中安街七二號十三樓
　　　　　電話：02-2923-1455／傳真：02-2923-1452
網　　址　http://www.huamulan.tw 信箱 hml 810518@gmail.com
印　　刷　普羅文化出版廣告事業
初　　版　2014 年 3 月
定　　價　五編 24 冊（精裝）新台幣 48,000 元

日治時期電影的文化建制
（1927～1937）

卓于綉　著

作者簡介

卓于綉，1980 年生於台北市萬華區。2003 年畢業於國立台灣藝術大學電影學系。2007 年於國立交通大學社會與文化研究所取得碩士學位。現就讀日本東京大學人文社會系研究科亞細亞文化研究專攻碩士二年級。大學時代論文《瓊瑤電影與歌曲：1965-83》曾獲國家科學委員會大專生研究創作獎。並參與 2004 年國立台灣師範大學人文教育研究中心主編之《台灣文化事典》辭典編撰。2005 年獲頒「佑生基金會」優秀論文獎，並於翌年接獲教育部補助短期赴海外專題研究計劃赴日研究。

除論文撰寫外亦積極從事翻譯與其他創作，2007 年撰寫中國時報「設計新生活」住家空間設計專欄，並於 2011 年翻譯《聯合文學》日本新詩及其它空間相關專書。

提　　要

本論文的整體架構是以電影院的空間設置為始，從一〇年代電影放映在空地、戲棚與歌仔戲、魔術和廟會共處同一空間的混雜狀況，到二〇年代借用日本演劇劇場的混合戲院內映演，直至三〇年代，台灣各都市開始興建磚造的歐式大型映畫常設館。電影文化逐漸成形，伴隨而來的是相關的種種畫界與規範，包括電影教化與取締方針以及各種觀影規則。除此之外，20 年代開始出版電影評論雜誌，30 年代後台北與高雄兩地更相繼出現電影鑑賞團體並出版其團體之機關誌，不同的電影相關出版品也制定出各種評論準則與方向。

在電影文化不斷建制化過程中，當時台灣知識份子亦積極透過電影這項新的媒介爭取不同於日本殖民政府的文化詮釋，並從中鼓吹台灣人之受教權進而展開一系列自我教化與文化自清工作。

最後，相對於台灣本島知識份子所發起的教化與啟蒙圖像，與此連接並作為背景的是當時國際間頻繁流通的各類影像作品，以世界電影角度出發思考 20、30 年代透過日本內地中介而來的各類影片作品與論述，同時描繪出當時另一個關於電影與其他文藝表演交流混生的向度，藉以思考電影技術所開啟的空間之內，承載流通的電影文化如何活潑地拓展出一個嶄新的感官文化。

目次

圖目錄

第一章　抵抗的矛盾

「你年輕的時候曾經覺得自己是日本人嗎？」我突然問起我的爺爺。爺爺面帶羞赧地說：「那個時候，還是會吧。」雖然之後我們把這個令人感到不好意思的話題岔開，但是空氣中還是殘留些許異樣的空氣。我的爺爺是一名在台灣實施徵兵制度前即赴南洋戰場的志願兵。

2007 年夏我帶著日本友人前往參觀總統府，一名年約八旬的老翁殷勤地為我們用日語解說。「沒關係，我們都會說中文」我說。「我只使用台語和日語」老翁回答之後，繼續使用日語解說著。

日本殖民台灣的這五十年，對我而言某些刻痕仍深植於當下的生活之中，回顧這段殖民歷史，有人說是帶來文明與現代，但殖民卻也意味著經濟和思想上的壓迫與不平等。我們如何重新回頭審視這些歷史片段？再度思考殖民時代的這段時間，面對歷史資料泛黃的扉頁，帶著幾絲的掙扎與兩難，可是卻是不得不面對的幽靈。選擇以什麼樣的語言說話，或是對日本幾番矛盾的情感，與其說是日本在台灣的殖民統治手段，不如說是從生活所留下來的印記，或許是光著腳丫和鄰居一起上公學校、全村作醮的忙碌與歡樂，或是與親人分離而遠赴戰場的苦痛。正是這些生活的點點滴滴才構成我們面對日治時期時難以解開的糾結情緒，即使這些日常生活的活動可能繁雜而瑣碎，但是一旦避開，就很可能無法捕捉現在仍在我們周遭生成的複雜情感。

台灣進入殖民時期的那一年也恰恰是電影自 1895 年公開放映的時間點，電影媒體在一夕之間受到世界性的矚目。翌年，電影在日本當地亦受到相當的歡迎，不久之後便隨著電影巡迴放映隊前來台灣，就是這樣的機緣促成了台灣電影文化發展的起點，電影和殖民時期在時間點的契合上似乎象徵著一

段不解之緣。早期電影在台放映之時，經常在廟埕或空地臨時搭建的小屋與祭祀活動、奇術混合表演，成了當時民眾與電影接觸的特殊景像。進而，二、三○年代電影文化的發展有了一定的規模，並且與不同的社會組織產生頻繁互動。本論文以二、三○年代逐漸生成的電影文化作為當時日常生活與各種權力角逐的一個斷層切片，希望能夠從這個路徑貼近當時細碎紛雜的生活情境，思考面對日治時期矛盾的心理情感。電影作為透過殖民政府被介紹進來的新媒體，本身立即地帶有殖民刻劃的痕跡。同時，在電影進入台灣之後也隨即地被不同的社會團體作為發聲的媒介，台灣總督府、臺灣文化協會、各個電影俱樂部乃至於各類藝文雜誌等等，隨著這些相關論述的發生/聲，電影文化也在台灣逐步開展與建制。

九○年代之前，台灣日治時期的電影研究屈指可數，最具代表性者為呂訴上所撰寫的《台灣電影戲劇史》。該書分為電影史、播音劇、戲曲、南管、平劇、車鼓戲、歌仔戲、連鎖劇、女優團、新劇發展史、布袋戲史、皮猴戲、鬼儡戲、腹話偶人戲、各國來台灣演出的戲藝簡史、文化工作隊、地方戲曲協進會史等等。此書為日治時期到五○年代的電影、戲劇通史。近來由於對日治時期電影史有著進一步研究的趨勢，發現其大部分的內容泰半來自市川彩的《アジア映畫の創造及建設》〔註1〕，雖說該書被發現某些訛誤之處，但大致說來，仍是研究日治時期台灣電影文化第一步。之後，陸續出版的台灣電影史的通史書籍還有陳飛寶的《台灣電影史話》、黃建業編輯的《跨世紀台灣電影實錄 1898～2000》、黃仁、王唯編著的《台灣電影百年史話》、李泳泉的著作《台灣電影閱覽》以及杜雲之的《中國電影史》，多為介紹性的概述，為日後的電影文化史研究奠基了相當的基礎。

日治時期的電影研究，從九○年代開始有了突破性的發展，開先端的是《電影欣賞雙月刊》進行一系列對日治時期台灣電影史料的翻譯、資料蒐集以及口述歷史的紀錄。翻譯了〈昭和初期台北的電影院（上）〉、〈昭和初期台北的電影院（下）〉、〈日本統治末期台灣電影之狀況：台灣電影的印象〉、〈台灣的電影政策〉、〈台灣電影界一瞥〉、〈臺灣蕃地攝影片斷〉、〈完成記錄電影〉、〈臺灣愛國婦人會電影巡迴映演始末〉、〈臺灣的電影教育〉等等相關文章。另一方面，李道明所撰寫的〈台灣電影史第一章：1900 至 1915〉、〈高

〔註1〕 市川彩，《アジア映畫の創造及建設》，東京，國際映畫通信社出版部，1941。

松豐治（次）郎略傳〉、〈電影是如何來到台灣的？〉提供了對當時較爲深刻
的認識。其他發表於《電影欣賞雙月刊》的文章，如，〈日治台灣電影資料
出土新況〉、〈當神話從記憶出走時……電影《義人吳鳳》放映座談會〉對於
日治時期的電影研究也有了更細緻的處理。此外，值得一提的是由文建會出
版的《記錄台灣：台灣紀錄片研究書目與文獻選集》，其上冊的部分翻譯了
經由《電影旬報》、《愛國婦人界》、《臺灣公論》等期刊中許多日治時期台灣
電影的珍貴史料。

　　葉龍彥自九〇年代後期開始陸續出版台灣日治時期電影的相關著述，包
括《光復前後高雄市的戲院與電影》、《新竹市電影史：1900～1995》、《新竹
市戲院誌》《臺北西門町電影史 1896～1997》、《日治時期台灣電影史》、《紅
樓尋星夢——西門町的故事》、《台灣戲院發展史》、《台灣老戲院：台灣の古
映館》等等。具有豐富的史料與說明，爲日治時期台灣電影史勾勒了一個較
爲清楚的輪廓，提供了相對較爲完整、有系統的日治時期電影的歷史架構。
其中，《新竹市電影史：1900～1995》有相當寶貴的口述歷史，在很大的程
度上，補足了日治時期電影史在書面史料上的缺憾。但《日治時期台灣電影
史》書中，作者認爲台灣電影工業礙於台灣以農業爲導向的經濟發展而不及
日本，同時以「落後」、「依賴日本」的圖像以及對「依賴理論」的借用仍有
值得進一步思考之處。其他日治電影史，例如由潘國正、葉龍彥、張德南、
黃鏡全撰稿的《風城影話：新竹市電影、戲院大事圖錄》附有多張珍貴的圖
片，得以在初步理解當時的某些建築與街道面貌，黃仁的著作《中國電影輸
入台灣》也提供了當時上海電影在台灣的某些重要史料。

　　有了這些歷史爬梳的介紹性書籍，進一步的相關研究也相繼出現，2001
年出版的《殖民地下的銀幕：台灣總督府電影政策之研究 1895～1942》，作者
三澤眞美惠以日治時期日本對台灣實行之電影檢查統治系統爲主要研究對
象，細緻地從電影相關的政策和法規中經營出一種台日之間較爲細緻的比較
和互動關係。書中，三澤眞美惠不僅描述電影檢禁法規在日本所產生的論述
效應，以及在台灣如何產生略爲不同的修正，同時也思考兩者之間存在著怎
樣的相互影響，相較於過去的日治電影史對於依賴理論的依賴，三澤提供了
一個更爲深入的觀察視點。該著作以電影相關法規等文化政策上的討論來理
解日本殖民母國「對台灣電影產業加壓的壓力裝置」，進而理解其發揮「壓力

裝置」機能的原因〔註2〕。因此，三澤真美惠企圖描繪出整個殖民時期殖民母國的壓力以及台灣人從中尋求反抗的對抗圖像。

另一方面，以日文出版的台灣電影史相關文獻，除了上述市川彩的《アジア映畫の創造及建設》之外，尚有田村志津枝的《台灣發見：映畫が描く〈未知の島〉》〔註3〕，本書不以日治時期電影史作為問題討論的對象，而是作為一本台灣電影通史的日文著作，另一本為《はじめに映畫があった植民地台灣と日本》〔註4〕，本書則詳細地記錄了當時初步發展的台灣電影文化，書中雖無進一步的分析，卻也提供了豐富的史料與說明。書中描述早期電影在日本的景況，以及遠渡來台的進程，相當有利於理解早期日本內地與台灣兩地之間電影的交流關係。2010年8月，前述三澤真美惠另出版了《「帝國」と「祖国」のはざま》（岩汲書局，2010年8月26日）書中以日治時期台灣電影人，特別是劉吶鷗與何非光為例，參照兩人的電影活動軌跡來思考台灣處於日本「帝國」及中國「祖國」之間的各種「交涉」與「越境」。

從這些先行的史料與研究為開端，值得令人思考的是，雖然整個日治時期的電影活動不可避免地必須直接面對殖民時期日台之間不對等的權力關係，但是，如果從現今仍縈繞著我們的矛盾情緒作為結果往前追溯，可能將會發現當時其他更為複雜的時代表情。意即，如果整個殖民時期電影史的圖像唯有壓力與抵抗的關係，那麼我們如何理解總統府的解說員以及我爺爺的這兩段談話？是什麼樣的生活遭遇與情感糾葛使這種矛盾的心理至今仍翻騰不已，對筆者而言，不論是認同的轉折或是看起來自主性的語言選擇，都必須從當時生活的實質面向深入，才能更細緻地理解糾纏在日本殖民政府強權壓力中的複雜情感面向。電影，這個二十世紀透過殖民政府的仲介進入台灣的新興媒體，不僅是總督府的宣傳裝置，或是官廳與士紳們集會交流的方式，電影在一開始就以最為庶民的方式出現在各種空間細縫之中，如廟埕和歌仔戲棚。從這些混生的表演到後來延伸出來的感官摩登，不但逾越了電影媒體的範疇，在某個程度上更超出了日本殖民壓迫視角的界線。二十世紀電影文化的生成看似雜亂無章，其實卻恰恰說明當時交錯縱橫的各種面貌，壓

〔註2〕 三澤真美惠，《殖民地下的銀幕——台灣總督府電影政策之研究 1895～1942》，前衛出版社，2001，頁7。
〔註3〕 田村志津枝，《臺灣發見：映畫が描く〈未知の島〉》，東京，朝日新聞社，1997。
〔註4〕 田村志津枝，《はじめに映畫があった植民地台湾と日本》東京，中央公論新社，2000。

迫的、娛樂的、階層的、摩登的聲響可能更能帶領我們進一步貼近當時的生活狀態。

　　二〇年代反抗日本殖民政府的文化運動中最具組織性且最為持久的莫過於林獻堂、蔣渭水等人所成立的「臺灣文化協會」。自 1922 年成立之後，對於台灣民眾的啓蒙與社會教化不遺餘力，1925 年文協的電影巡迴放映隊成立之後，經常至農村進行電影放映，趁機宣揚其民族理念。「臺灣文化協會」積極爭取台灣民眾的普及教育、集會娛樂之劇場空間，與此同時，也宣傳各種衛生清潔概念，摒除過去鋪張浪費的婚嫁和廟會。透過電影這個由殖民者帶來的新興文化作為中介，攜帶出其民族理想。傅柯（Foucault）在《規訓與懲罰：監獄的誕生》（Discipline And Punish-The Birth of Prison）對主體性（Subjectification）的精采解析所給予我們的啓示恰恰是一種自我的形成過程，對於「自主」、「自我」的概念如何被整合起來，也就是一個具有自主性的個人如何被打造出來。如果將臺灣文化協會在日本殖民時期對於自主性的要求放置在這個意義上來看，這就恰好是一個積極地自我學習、教化和規訓的矛盾過程。但這並非意味著我們必須忽略殖民時期的壓制與反抗關係，相反的，是必須正視這層弔詭與矛盾。所有的文化建制向來就不是在權力平等下的狀況展開，因此，重新回頭檢視其內部運動的向度、拉鋸以及內部邏輯即成為面對日治史的第一步。

　　本論文以電影作為整個剖面的開端，將觀察的時間點設定在 1927 至 1937 這十年間。1925 年臺灣文化協會成立電影巡迴放映隊，購買放映機及影片，訓練放映師和辯士。隔年，臺灣文化協會活動寫眞部正式成立，開始系統性地以電影放映作為文化啓迪的手段。1927 年文協分裂後，轉賣了所屬的放映機，很多小型的巡迴放映隊也紛紛成立，自此之後，台灣雜誌社所發行的《臺灣民報》〔註5〕也開始對電影放映活動有較多的注意與報導〔註6〕。另外，二〇年代中期之後，台灣總督府公佈「活動寫眞檢查規則」（活動寫眞フィルム檢閱規則），並且實施辯士考照許可制度，關於映畫的放映、發行漸漸有了依

〔註5〕　《臺灣民報》同時也被視為文化協會的言論機關。
〔註6〕　例如〈嘉義文協影戲盛況〉，《臺灣民報》132 號；鄭登山，〈新興藝術的電影戲〉，《臺灣民報》1927 年 1 月 1 日，第 138 號；以及丸楠禮仁，〈煽動及び宣傳の手段そしての映畫：プロ映畫同盟設立的提倡〉，《臺灣新民報》1931 年 8 月 16 日都是《臺灣民報》及後續《臺灣新民報》上對映畫較為詳細討論的文章。

循的法規，雜誌上也出現對各種法令的討論與商榷。在三澤眞美惠的研究當中，以 1926 年 7 月制定的「活動寫眞フィルム檢閱規則」為始，開啓了全島統一檢查法規的階段，自此之後，電影被獨立出來進行管理〔註7〕。到三〇年代之後，台灣密集地興建歐式映畫常設館，台北第一劇場、國際館、大世界館、台灣劇場、新竹有樂館及高雄金鵄館等現代化的映畫館都在這段期間內陸續開幕。隨著電影院的設置與電影放映的普及，許多電影俱樂部也相繼組織起來，如 1931 年「臺北電影聯盟」（臺北シネマリーグ）及後來出現的「高雄電影聯盟」（高雄シネマリーグ）。這兩個電影俱樂部各自出版了《映畫生活》與《映畫往來》作為機關刊物，直至 1937 年戰爭爆發，映畫進口緊縮之後才停刊。本論文所希望能思考的是，在 1927 至 1937 此十年間，電影透過日本殖民政府以及臺灣文化協會引介進來，於二、三〇年代逐步發展，並在三〇年代中期之後開始被稱之為「第八藝術」。電影在這整個的建制化過程中，電影文化如何銘刻了台灣現代化進程中的各種矛盾。

本論文所討論的文本將集中在 1927 年至 1937 年之間的各類電影活動與論述。當時由漢文發表的電影評論並不多見，一小部份可能散見於近來所出版的作家全集當中。例如，《張文環全集》、《葉榮鐘日記》、《林獻堂先生紀念集》、《蔡培火全集》、《楊逵全集》、《劉吶鷗全集》及《張深切全集》，各個作家所撰寫的電影筆記則多見於全集所收錄的散篇或雜記當中。另外，其他對當時電影界重要人物的研究，如黃仁所編輯的《何非光：圖文資料彙編選集》也可做為參考。而漢文形式出現的電影文化活動、相關評論及電影本事、廣告等，則以當時的漢文報紙《三六九小報》、《風月》、《臺灣民報》及《臺灣日日新報》的漢文欄為主要文本來源及對象。

1927 年至 1937 年期間以日文形式出現的電影、藝文相關雜誌、期刊則遠比漢文為多，本論文關注的對象集中在《演藝とキネマ》以及由「臺北電影俱樂部」（臺北シネマリーグ），以及「高雄電影俱樂部」（高雄シネマリーグ）所出版的機關報《映畫生活》與《映畫往來》，其他還具有參考價值的期刊是《台灣藝術新報》、《映畫教育》等等。《映畫生活》與《映畫往來》、《演藝とキネマ》三本雜誌因為持續發刊，同時又不完全是臺灣總督府的官

〔註7〕 活動寫眞「フィルム」檢閱規則（大正 15 年 7 月府令第五十九號）。參考三澤眞美惠，《殖民地下的銀幕——台灣總督府電影政策之研究 1895～1942》，前衛出版社，2001，頁 67。

方刊物，更能夠生動地呈現當時電影文化的氛圍，因此將作為本論文主要的研究對象。其他與當時電影文化關聯性較大，並常有評論與介紹的期刊還有《臺灣文藝》、《臺灣警察時報》、《臺灣公論》、《臺灣婦人界》等期刊雜誌。可能也將參考當時主要的日文報紙，如《臺灣日日新報》、《臺南新報》或《臺灣民報》（包含之後的《臺灣新民報》）等等。另外，日治時期以日文出版的寫眞帖、畫報雖然並非我所關注的主要對象，但仍有一部份參考的價值，藉由這些圖像能夠使筆者更為深入理解當時氛圍，如《臺北州警察衛生展覽會寫眞帖》、《士林文化展記錄──鄉土展之部》、《愛國婦人會總裁臺灣御成紀念帖》、《カメラで見た臺灣》、《臺灣北寫眞帖》、《臺灣の事情寫眞帳》、《始政四十週年紀念臺灣博覽會寫眞帳》以及台灣畫報社發行的《臺灣畫報》等等，都有一定的參考價值。

　　本論文的整體架構是以第二章的電影院空間設置為始，從一〇年代電影放映在空地、戲棚與歌仔戲、魔術和廟會共處同一空間的混雜狀況，到二〇年代借用日本演劇劇場的混合戲院內映演，直至三〇年代，台灣各大都會區開始興建磚造的大型映畫常設館。隨著電影放映空間從開放到封閉的過程，電影也和歌仔戲、日本演劇、歌舞伎或レヴュー〔註8〕相互借用、混生，營造出不同的電影放映樣態，現代化過程透過新興電影科技造成了各種空間配置與感覺體制的重組。第三章則接續第二章所帶來的種種畫界與規範，更具體地展現在不同的教化方針上。除此之外，不同的電影雜誌也制定了各種評論準則與方向，其中最為令人注目的即台灣啓蒙知識份子隨著現代化過程而展開的一系列自我教化，以及隨之而來的文化自清工作。最後，第四章相對於第三章的教化與啓蒙圖像，從當時國際間頻繁流通的各類影片為始，思考日本與台灣在電影文化史當中所扮演的角色。以當時在台灣放映的各類影片進一步理解二、三〇年代的影片內容，同時描繪出當時另一個關於電影與其他文藝表演交流混生的向度，並進一步思考電影技術所開啓的空間內承載流通的電影文化如何活潑地拓展出新的感官文化。最後則在第五章以電影文化作為一時代介面，勾勒出可能並非反抗與壓迫的喜怒哀樂，糾纏與掙扎。

　　整篇論文想要回頭重新翻閱的不只是殖民的悲情過往，而是當時此起彼落的各種聲調，其中可能夾雜了咆哮、悲鳴、歡笑或呻吟，並重新聆聽那個時代的特殊聲響。

〔註8〕 revue，原指法國輕歌劇，後來輾轉指涉各種大型華麗的表演和燈光效果，後文會詳細討論。

第二章　從移動到固定的空間化過程

第一節　游移的觀影空間

　　1895 年中日甲午戰爭之後，春帆樓一紙「馬關條約」將台灣歸屬於日本領地，開啓了台灣島長達五十年的殖民史。與割讓台灣同年，盧米埃兄弟（Auguste Marie Louis Nicholas, Louis Jean）在巴黎的咖啡廳舉行世界首次的電影公開放映〔註1〕，一時間電影以風起雲湧之勢，很快地從法國、美國及德國等國家傳到世界各地。1896 年，也就是電影發明之後的隔一年，便在上海的徐園進行公開放映，獲得了熱烈的歡迎。同樣的情形也發生在日本，1896 年由稻畑勝太郎從法國引進攝影機與技師，並於 1897 年初在京都新京極的「東向座劇場」內進行放映活動。台灣，作爲日本的第一個海外殖民地，也很快地有了公開放映的紀錄。除了明治 34 年（1901 年）6 月 21 日《台灣日日新報》廣告欄有活動大寫眞的消息之外，該年 10 月也刊載了更具體的映畫放映消息，高松豐次郎在西門町台灣日日新報社前面的空地搭蓋臨時小屋，放映《英杜戰爭》等十餘部影片〔註2〕；另外，明治 34 年（1901 年）

〔註1〕　盧米埃兄弟改造了美國發明家愛迪生（Thomas Alva. Edison）的西洋鏡（Kintoscope），讓更多人能一同觀賞電影。1895 年 12 月 28 日在法國巴黎卡普辛路十四號大咖啡館的地下室展開了第一次的公開放映。

〔註2〕　按照呂訴上的說法，這台灣首次公開放映電影。但經過李道明的查證，明治 33 年（1900 年）才是電影公開放映的最早紀錄，該年 6 月 21 日《台灣日日新報》第六版的廣告欄中，刊登了一則廣告。廣告中說明爲，原名爲 Cinematographe 的活動大寫眞，將於 6 月 21 日起，在台北的「十字館」戲院放映一星期。

11 月 21 日，該報報導新竹廳北門外「竹陽軒」舉辦了所謂的「活動幻燈會〔註3〕」。

圖 2-1　1907 年高松豐次郎在新竹城隍廟前放映紀錄片

出處：翻拍自葉龍彥，《新竹市戲院誌》，竹市文化，民國八十五年

　　電影公開放映以來，沒有特定的映演場所，大半在咖啡廳、私人園林或劇場內進行放映工作。從報紙的紀錄與存留下來的照片顯示，台灣早期的電影映演空間大多為空地、廟埕、晒穀場或臨時搭建的小屋，甚至是歌仔戲野台等等人潮容易聚集的地點，並沒有專門的放映場所。可以想見當時這個隨意開放的空間中，往來的群眾可能嘈雜混亂、或坐或站。而電影放映途中可能隨時成為觀眾，或脫離觀眾身份與他人談天、下棋、走動等等，筆者推想此時的電影應與街頭賣藝或廟會廣場前的奇術表演相差無幾。

　　為了將當時觀賞電影的景況更加立體化，筆者援引《台灣日日新報》於

〔註3〕　根據潘國正主編，潘國正、葉龍彥、張德南、黃鏡全撰稿，《風城影話：新竹市電影、戲院大大事圖錄》，新竹市：竹市文化，民國八十五年。此次放映為新竹市的電影首次公開放映。出自明治 34 年（1901 年）11 月之 17 日的《台灣日日新報》，十一月二十一日新竹北門外「竹陽軒」特設活動幻燈會，邀請各紳縉於午後六時至場觀會。筆者此處並不在於強調是否為該地方的首次電影放映，而是關切初始電影放映的場所與空間問題。

明治34年（1901年）的報導更進一步地說明當時的觀影情景，文中記載的是
上述所說的新竹北門外竹陽軒所舉辦的活動幻燈會：

> 月之十七日，新竹北門外竹陽軒特設活動幻燈會，邀請各紳縉於午
> 後六時至場觀會。至時新竹廳長並守備隊長廳內諸屬員及諸富紳人
> 民等，足有二百餘人入會。其幻燈比往常各公學校幻燈迥異，各公
> 學校所幻燈影，其燈係就當面照來，與人觀閱其影。中諸影係就翕
> 相中諸景照出，不能活動，此則用電火自後照出，其活動非一人一
> 事而已，舉全局中人影出照，或走、或行、或笑、或哭、或戰、或
> 騎、或聚、或散，無不情景畢肖，使閱者如身臨當境。其幻影諸景，
> 係就北京近事，如軍隊行停、砲火演操、天津攻戰、煙台佔領諸景。
> 會中諸人以為似此活動得未曾有，每觀到入神處，群俯掌叫妙不絕
> 云〔註4〕。

　　1901年，電影進入台灣的第二年，連正式的名稱都尚未確定下來，「活動
大寫真」、「活動幻燈」或是上海所俗稱的「影戲」、「電戲」等等，大多意指
一種新的光影奇術或奇觀（spectale）。從文中的描述可以知道，當時觀看電影
者僅限於各地方紳縉、富人與新竹廳長官及其他的公務部屬，並未普及於一
般大眾。一○年代之前，民眾可以接觸到電影的機會可以說是相當稀少，且大
多依靠零星的電影巡迴放映隊四處映演，譬如在1907年，由日人高松豐次郎
在新竹城隍廟所進行的巡迴放映即屬此類〔註5〕。一○年代之後，臺灣總督府
增設映畫部門，負責製作並放映宣傳及教化影片，放映地點通常為各級學校
及地方公會堂，此類活動也成為民眾逐漸接觸電影的管道之一，當時的電影

〔註4〕　取自葉龍彥，《新竹市戲院誌》，新竹市，行政院文化建設委員會，民國八十五
　　　　年四月。本篇記載源自於明治三十四年（1901年）11月21日《台灣日日新報》。
〔註5〕　這是高松豐次郎第二度來台映演，此次播放的電影根據《台灣日日新報》明
　　　　治40年（1907年）1月10日第五版的記載，包括了《真實社會的踩球》、《褐
　　　　紅色的木魚》、《當代紳士的真面目》、《自負的失敗》、《人心的表裏》、《舊思
　　　　想的教育》、《時髦的行列》、《人間的洗滌》、《女傭的二十四小時》、《公德的
　　　　哭訴》、《嗜酒者的一生》、《女學生的末路》、《樺太的逃獄》。以及外國影片《旅
　　　　順攻圍中的實況》、《汽船火災的慘況》、《冰山雪嶺北極探險》、《悲慘世界》、
　　　　《法國文豪雨果小說改編之電影》、《巴黎盜賊社會的巢穴》、《大磯海水浴
　　　　場》、《紐約小學生輪運動的奇蹟》。高松豐次郎與台灣電影淵源頗深，1903
　　　　年組織「台灣同仁社」，並接受了「愛國婦人會台灣支部」的邀請來台放映電
　　　　影。之後也經常往返日、臺兩地，將自己拍攝的社會寫實電影引進台灣。一○
　　　　年代之後便開始在台灣各個主要設置劇場，建立了台灣初步的映演系統。

就像十九世紀以來不斷刺激著人們的另一種科學驚異，同時也是光影的魔術表演。「每觀到入神處，群俯掌叫妙不絕云」，似乎可以感受到當時混雜的觀影場景，笑鬧、歡呼之聲想必不絕於耳，相互交換意見或高聲叫好也可能並不少見。然而，這樣的情形隨著二〇年代、三〇年代混合戲院、日式木造戲院以及後來的大型電影常設館的成立而逐漸式微，電影放映亦因不同的空間設置而逐漸發展了特殊的觀看形式與秩序。

第二節　混合劇院內的相互借用

　　先前所描述的是早期電影的放映空間與觀賞景況，一〇年代之後，電影的放映進入了所謂的混合戲院時期。混合戲院是指電影與其他表演活動共同使用的戲院空間，此時大多是一〇年代早期表演落語、義大夫、講談等等傳統日本演劇的劇場。例如位於台北的「臺北座」、「十字館」、「淡水館」等，這些劇場平常以日本演劇的表演為主，電影的上映仍屬罕見。根據 1929 年發刊的雜誌《演藝とキネマ》於同年一篇關於台灣劇場的文獻可以知道，自從「十字館」營業之後，慢慢也有其他的劇院相繼成立，這些劇場以日本演劇表演為主，入場票相當便宜，約二十錢或三十錢。到了明治 38 年（1905年）之後，便進入所謂高松豐次郎時代。日人高松豐次郎原本只是往返日、台兩地，將他拍攝具諷刺性質的社會寫實影片引進台灣，並在台灣各地進行巡迴放映。但是，自 1906 年 9 月 20 日高松豐次郎在台北發展「朝日座」之後，陸續於 1909 年 3 月在基隆船頭興建「基隆座」，短時間內在新竹、台中、嘉義、台南、高雄、屏東各個台灣主要城市設置了不少劇場，可謂替台灣的映演劇院建立了初步的規模〔註 6〕。然而，由於早期的影片來源並不穩定，大多需要從上海、日本等地進口，相當費時費力，且不足以支撐一間電影專門劇場的放映量。因此當時由上海、日本進口的影片便在原有的日本演劇劇場內映演，這種日本演劇與電影混合的劇院空間稱之為混合戲院。

　　電影進入台灣的這趟旅程中，廟埕、晒穀場、小木屋、歌仔戲野台或混合戲院這些不同場景中，不斷地與奇術表演、廟會、魔術、歌仔戲、日本演劇這些對象參雜交錯著。空間的相互借用訴說了電影與其他文化之間的層層

〔註 6〕　石川太一郎，〈懷しい臺灣劇界の思ひ出話しの記〉，《演藝とキネマ》第一卷三號，臺灣演藝娛樂社發行，昭和四年（1929）十月號。

鉤連，如二○年代左右，台灣曾經一度流行著所謂的「連鎖劇」，指的是歌仔戲在野台表演中穿插一段與劇情相關的電影片段。根據呂訴上的記載，「連鎖劇」在台灣最早始於 1928 年，是由位於桃園的「江雲社」率先拍攝電影片段穿插在歌仔戲情節中。該電影片段是歌仔戲團的班主任林登波委託曾拍攝過電影《誰之過》的張雲鶴、李松峰、陳天烒等人負責製片，由李松峰掌鏡，完成了八本的「連鎖劇」影片。另外，呂訴上的記述中，這項別開生面的創新舉動得到了觀眾的青睞，而且也獲得了相當的利益，並使得該劇團「從瀕死的絕境，踏上更生的坦途了」〔註7〕。雖然桃園「江雲社」所映演的「連鎖劇」相當受到好評，但當時電影製片成本相當高昂，且台灣的製片業並不發達，當時數量稀少的影片大多由日、台人共同合作而成，加上歌仔戲野台的設備也未能完全配合影片放映，因此並不多見。雖是如此，電影與傳統歌仔戲相互滲透的景況可見一斑。歌仔戲與電影之間所迸發的更生氣息不僅於此，呂訴上之父呂深圳所經營的歌仔戲戲班也曾聘請來自上海「明星電影製片公司」的布景師（外稱赤鼻仔）等三人來台，製作長達半年之久的活動機關布景，並稱此舉「更加速變化，大大博得觀眾喜愛」〔註8〕。

此處僅以歌仔戲為例說明電影與其他文藝表演彼此在空間上的交雜，事實上，電影影片與各種幻術表演、傳統戲曲這種互為表裏的關係，不僅僅呈現在空間之中，影片的製作也可能受到相當的影響，關於這一點會在下文繼續討論。映演空間上，如同前面所說的，這時候的電影因為片源不足等原因而沒有專門的映演場所，所以借用了其他原有的表演空間。但，這樣的情形在一○年代中期之後便漸漸消失，而由「映畫常設館」空間取而代之，這裡所說的「常設館」是指能夠固定播放電影的映畫館。究竟是什麼原因促進了映畫常設館的興起？自從 1915 年之後，日本內地電影工業就以相當的速度成長，一些具有相當影響力的映畫公司如日活〔註9〕、天活〔註10〕都在此時開業，彼此之間競爭益發激烈，於是影片產量也迅速增高。過多的產量使得日

〔註7〕 呂訴上，《台灣電影戲劇史》，銀華出版部，中華民國 50 年九月，頁 283～285。

〔註8〕 呂訴上家族劇團資料，邱坤良，《呂訴上》，行政院文化建設委員會，1961 年九月。

〔註9〕 即日本活動照相股份有限公司，由橫田商社、吉澤商店、MI 百代商社和福寶堂在 1912 年合併成立。

〔註10〕 天然色影片股份有限公司，於 1914 年在日本成立。

本內地無法負荷，便往殖民地台灣傾銷〔註11〕，「芳乃亭」、「新高館」，「台南戎座」等等都在此時由混合戲院改建爲所謂的「映畫常設館」，彼此之間也開始以設備和影片互相競爭，其中台北以「芳乃亭」與「新高館」之間的較量最爲顯著。一○年代所改建的戲院仍多爲二層日式木造建築，不久之後，由台北的「新高館」率先以鋼筋爲主的建築替代了原先的日式木造建築，而 1916年 6 月 10 日改建的「新高館」則改組爲「世界館」，成爲當時設備最爲先進的電影常設館之一，並與「第二世界館」、「新世界館」等合稱爲「世界館」放映系統。

圖 2-2　新竹座，二層木造日式建築，是較低價的戲院

出處：艋舺腳風華三百年
http://chiiaka.tacocity.com.tw/street.htm

第三節　電影常設館的興設

　　片源穩定與映畫常設館的設置，加上劇場建築逐漸從二層日式木造建築改爲鋼筋爲主，電影文化似乎有了專屬的空間領地，然而，這也同時是電影

〔註11〕根據《第四回日本映畫總覽》（國際映畫通信社，1930 年 7 月 1 日）。該年美國的電影製作數量爲 800 部，日本爲 718 部。但電影常設館數量美國爲 22,500間，日本則只有 1304 間。

進入台灣之後另一段旅程的開端。讓我們先從映畫常設館時代爲始，緩緩地進入這條電影文化的歷史長河。

　　進入二、三○年代，由於之前十年間所興建的日式木造劇場已逐漸老舊，不少劇場開始出現白蟻侵蝕或建築結構上的問題，加上原先在日本就使用的原木並不適合於氣候潮濕的台灣，木造劇場的樑柱也容易阻礙觀眾視線等種種理由。各地的舊戲院很快地被改建爲新的劇場空間，現代化的大型歐化戲院如雨後春筍般在台灣的各大都市萌發。另外，1935 年因爲開辦「日本領台四十週年台灣博覽會」，以及 1936 年六月福岡──台北之間空運通航，本來在東京上映後半年至一年才到達台灣的影片，縮短爲一個月或一個半月便可在台北首映，而且可南下巡迴。因此，1935 年該年在台北就陸續開幕了「第一劇場」、「國際館」、「大世界館」、「臺灣劇場」等，短時間內大型的電影常設館林立。以當時幾個主要城市來說，台北有「芳乃亭」、「世界館」，1920 年則增設了先進設備的「新世界館」。在新竹，1908 年高松豐次郎與地方人士合資建造新竹第一家戲院「新竹座」，大半放映的是二流影片。於是當時擔任市役所助役的新竹人劉萬，建議興建高級戲院，獲得新竹州知事支持後，透過增加戶稅取得經費，1933 年「有樂館」正式開幕，成爲台灣首座擁有冷氣設備與一流有聲放映系統的劇院。在高雄方面，高雄除了1908 年的「高雄座」之外，1935 年陸續出現大型的劇場「金鵄館」、「高雄館」等。1936 年爲止，台灣各地方大多已有大型之電影常設館。

　　這一批二○年代開始興建的大型電影常設館，不同於過去劇場是由原有的混合戲院改建，而是另外籌措了相當的經費大興土木而成。建築結構多爲三層建築，建材也從過往的木造建築改爲煉瓦及鐵筋混凝土，外觀大多有歐化傾向。眾所周知，日本自明治維新之後便開始有計畫地學習西歐的建築形式，1923 年的關東大地震使日本後來的建築產生很大的改變，很多西式的現代建築得以在這個時點於日本內地實踐，之後也相當程度地移轉到台灣本島來。尤其在日本建築的這一波震動當中，殖民地台灣成了建築試驗場，相較於日本內地，當時台灣所建造的劇場和大型公共建築更經常地出現「擬洋風」或是「和洋折衷」的建築樣態。譬如 1921 年由日人辰野金吾所設計的「高雄劇場」便是以他著名的紅磚與灰白色系飾帶爲主要視覺構成。辰野金吾是日本明治維新之後派遣往歐洲留學的名建築師之一，他的作品經常融合了英國的磚造建築和古典建築的元素，由於其易於辨視之特徵而被稱之爲

「辰野風格」，在日本他還參與設計了日本銀行京都支店（1906，辰野金吾、長野宇平治）、福岡日本生命九州支社（1909，辰野金吾、片岡安）、東京車站（1914，辰野金吾、葛西万司）以及大阪中央工會堂（1918，辰野金吾、岡田信一郎）等等非常著名的案例〔註12〕。此外，1924年台北「芳乃亭」所展現的厚實的拱圈門廊不同於「高雄劇場」的英格蘭紅磚造建築風格，而偏向歐陸石造古典建築影響的巴洛克（Baroque）趣味，不但在建築上使用曲線更富戲劇效果，且連續的拱門造型也相當具有動力感。三〇年代之後，更爲計畫性地興建大型映畫常設館，如1931年齊藤辰次郎設計的「臺中娛樂館」及1933年新竹栗山俊一設計的「有樂館」，兩棟建築物皆爲三層之鋼骨鋼筋混凝土建築物〔註13〕。

圖2-3　高雄劇場

出處：國家圖書館臺灣記憶

http://memory.ncl.edu.tw/tm_cgi/hypage.cgi?HYPAGE=image_home.hpg

---

〔註12〕傅朝卿，《日治時期台灣建築：1895～1945》，大地地理出版事業股份有限公司，1999年。

〔註13〕《台灣建築會誌》第四輯第三號、第六輯第三號。

圖 2-4　芳乃亭

出處：國家圖書館臺灣記憶

http://memory.ncl.edu.tw/tm_cgi/hypage.cgi?HYPAGE=image_home.hpg

圖 2-5　高雄金鵄館

出處：國家圖書館臺灣記憶

http://memory.ncl.edu.tw/tm_cgi/hypage.cgi?HYPAGE=image_home.hpg

　　電影的觀賞逐步地發展了其特殊的空間形式，街頭空地、戲棚野台，可供遮風避雨的混合劇場，隨著電影文化的日益發展，二、三〇年代的電影常設館也有了迥然不同的風格展現。這段期間內的空間流變，牽動著觀賞電影的人們，從移動到固定的空間設置，如同引水入溝渠地把隨意瀏覽影像的路人引導成電影院內的觀眾。

　　二〇年代到三〇年代建築型態的改變如何帶著觀眾進去戲院看電影？我們可以從當時電影常設館的內部設備與觀賞電影的方式來進行具體的考察。從保留下來的照片資料得知，二〇年代混合劇場不論在外觀或是內部設備皆屬日式風格。舉例來說，位於北部的「基隆座」和方才提及的「新竹座」都屬於日式劇場，木造兩層樓閣，屋頂的山牆為建築主要架構，入口為格狀日式拉門，構造簡易。內部則具備旋轉舞台及升降裝置，為了因應演劇演員的表演形式，另有供演員通過觀眾席的花道與鳥居。海野幸一在八〇年代的台北映畫街回憶錄內容，顯示此時城內的電影常設館已經頗具規模，制度和設備也相當完備：

> 比起「新世界館」的西洋式建築外觀，「第二世界館」則是純粹日本式建築的外貌，很像（日本）鄉下的小戲館。屋簷不高，正面左側有張貼劇照的櫥窗，櫥窗前面是腳踏車停車場，右側有票房和出入口，觀眾在這個未鋪地板的地面脫鞋，然後才進入戲院〔註14〕。

按照海野幸一的描述，第二世界館是日式的木造建築，腳踏車停車場說明了當時騎著單車看電影的閒情雅致，也同時道出觀眾的社會位階與收入。由於第二世界館在設備與價位上劣於第一世界館，觀眾自行騎著單車前往觀賞電影成為第二世界館的常見景象。由於票房與出入口分隔，因此觀眾必須依循著既定的路線購買票卷，由入口進場。買票入場這個動作意味著電影觀眾已經將「看電影」視為一種特定的活動，而非過去廟會般在街道隨意地走馬看花。文中也提到「觀眾在這個未鋪地板的地面脫鞋，然後才進入戲院」，這個時候的日式木造映畫館內部多為榻榻米地板，因此上去榻榻米地板之前應先脫鞋，與此同時，我們也可以想見的是可能也會有一位專門管理鞋子的服務人員或是供觀眾排放鞋子的鞋櫃放置在玄關處。觀眾依循著一定的路線買票、走到入口、脫鞋、擺放鞋子直至進入戲院看戲，這一連串如同儀式般的

〔註14〕海野幸一，李享文譯，李道明校定，〈昭和初期台北的電影院（下）〉，《電影欣賞》雜誌75期（十三卷三期），1995年5月，44～57頁（連載於《大阪映畫教育》月刊1981年5月至1982年5月號）。

行徑也在這些身體動作施行過程中成為「看電影」的一部份。因此，就在空間逐步被建制的同時，觀影者的行為也不得不隨之改變，循序漸進地參與看電影這個儀式。

原本甚無章法的觀影行為，開始一一被切割為各種細節，以及被命名並排列順序。過去的日式建築空間原是由榻榻米鋪陳出一片完整的視覺樣態，視情況需要由薄薄的拉門加以劃界，使用上相當彈性，二〇年代的混合戲院便是以這種傳統的日式木造建築為基礎。但三〇年代後，過去日式建築最重要的屋內樑柱到了此時卻成為看電影時的視覺障礙，且限制了清楚劃分座位的劇院規則，而這樣的凌亂情形將連帶地阻礙電影放映的線性順序。此時為了順應購票、入場、區分座席等級等等觀賞電影的步驟，日式木造的雙層空間由外而內逐一劃分為海報櫥窗、售票口、脫鞋處、鞋子管理處、一般觀眾席、家族席或是特別座席等等。相較於以往空地或野台的電影觀看，這裡，每一處空間幾乎都不被閒置，直接地按照功能進行該空間的使用方式，一種劃分的現代機制，在戲院中悄悄展開。

再者，戲院的龍蛇雜居向來是管理上的一大障礙，加上黑暗、封閉的戲院常常成為治理教化的死角。1916 年規定的「男女分座」〔註15〕雖然只實施了相當短暫的時間，但整治戲院空間的意圖卻非常清楚。電影在台灣逐漸發酵的一、二〇年代，我們看見按照功能進行分割的空間形式加長了日式木造戲院的動線，使得原來方正開闊的榻榻米，被鋪陳為從室外到室內循序漸進的層次空間。同時沿用了明治 34 年（1901 年）的臺北縣令第 12 號的「劇場及寄席取締規則」，與當時各類演劇表演同樣在場中設置臨監警察官吏座位，臨監警官於映演途中，場內若有高聲喧嘩、隨意徘徊或其他失序行為者即可命令其退場〔註16〕。空間動線與秩序、規範環環相扣地構築了觀賞電影有形和無形的環境氛圍，儘管電影院內一片漆黑，從室外走向封閉空間的電影院卻在空間的重新規劃下明亮起來。

讓我們再將視角拉至三〇年代之後不斷蓬勃發展的映畫常設館，此時的電影常設館不只在外觀上不同於以往的兩層日式建築，大多為三層的磚造或鋼筋混泥土建物，同時在內部的空間配置與設備方面也有相當的改變。舉例來說，1933 年 11 月 1 日開幕的新竹「有樂座」位於新竹東門町，現為新竹的影像博物館，算是當時台灣非常先進的現代式歐化劇場。在發聲映畫在台

〔註15〕《臺灣日日新報》，1916 年 2 月 20 日演藝界專欄。
〔註16〕明治三十四年臺北縣令第十二號「劇場及寄席取締規則」第十二號內文規定。

灣還不算普及的三〇年代初期，新竹「有樂座」便擁有當時相當先進的 RCA 放映機與 JVC 發聲機等放映設備。三〇年代所興建的大型映畫常設館大多全館鋪設地毯，並設有電燈、電扇等等，豪華的「有樂館」內部當然也鋪設了地毯，且有別於其他電影常設館設置了全台第一座冷氣設備。擁有這等傲人的設備，電影票價當然也非一般販夫走卒可以負擔的程度。樓上包廂式的座位是四到六人的家族榻榻米席，票價為五十錢；樓下一般大眾席約有五百個座位，票價是三十錢，座位寬敞，每個座位前方均可懸掛帽子。三〇年代所建造的大型劇場幾乎都能容納相當龐大的人數，例如 1935 年重新裝修的高雄「金鵄館」一至三樓全部為座席，可容納一千多名觀眾，座椅是輕便的折疊椅席。椅子座席雖然以現在看來極為普通，但當時卻是西化的象徵之一。榻榻米上或臥或躺，身體姿態仍屬隨意，但一旦更換為椅子，觀眾的身體姿態則不得不以同一種方式呈現出來，不論在空間規劃上或觀眾觀影身體上都更為符合「秩序建立」的邏輯。儘管台灣能夠負擔昂貴票價進場看電影的人數有限，但能夠容納龐大人數的電影常設館卻持續在各大都市興建著，除了表示台灣觀影人口的急整成長，應該也與當時日本大型電影常設館的風氣影響相關。舉例來看，1929 年日本東京的「神田日活館」開館，內部四層建築，客席在一、二階，全館共有一千四百個椅子座位，暖房及冷卻、空氣洗滌等設備都非常完備〔註17〕，不論內部陳設或設備方面都與台灣在後來三〇年代陸續開幕的電影常設館極為相似。

倘若繼續深入這些大型的電影常設館內部，將會發現相當有趣的空間配置。相對於一〇至二〇年代掃蕩電影院內的髒污與犯罪，將治安教化的視角帶入電影院，此時更注意的是觀客在電影院內的各種身體行動。例如，吸煙室的建立，使得全館的禁煙成為必然，觀客不得恣意在觀賞電影時吸煙，而必須步行至建築內的吸煙室。這至少具有兩個層次上的意味，第一，比起過去木造劇場更寬廣的大型電影常設館卻在功能上有著更細碎的切割，例如主要的影片放映廳除了臨監警官座席之外，更區分為一般席、特別席、家族席等等；內部個室則劃分為吸煙室、咖啡飲料屋、辯士休息室、館主室、會客室、放映室、電話室、男女化妝室等；另外，光是出入口就分為購票口、戲院入口、出口、防火逃生門等等〔註18〕。依照功能的空間切分其實表示觀賞電影

〔註17〕〈開館神田日活館〉，《キネマ旬報》昭和四年七月十一號，第 336 號。
〔註18〕此處的空間區隔舉例是為了說明當時大型電影常設館較為細部的空間規劃，並非全部的電影常設館對於這些功能化的空間都一應俱全，但是，不同空間

必須確實地與其他活動如打電話、吸煙、飲食等等區分開來，觀賞電影不能
嗑瓜子、吵鬧，只能專心看電影。這種空間分佈的第二層意味與第一層意味
相關同時又似乎與之相對，由於電影常設館內部包含的咖啡飲食室、吸煙室
或電話室空間，又似乎將電影觀賞與其他社交與休閒以一種不同的方式相互
牽連著。

圖 2-6　新世界館

出處：國家圖書館臺灣記憶
http://memory.ncl.edu.tw/tm_cgi/hypage.cgi?HYPAGE=image_home.hpg

　　細密的空間劃分似乎更為有效地保障了電影常設館的治安、清潔與秩
序，首先，門票價格的提高就立即地確定了誰有能力進入電影常設館觀賞電
影。再者，各種空間與細節又進一步地預設了觀客的身體姿態與行動。例如
三〇年代很多大型電影常設館都將榻榻米座席改為輕巧的折疊椅，不但限定了
觀眾必須「坐著」看電影，無法如同榻榻米上相對自由的身體姿態。相較於
榻榻米座位，椅子座席使對號入座更容易實施，並且出現了帶位小姐的職務，
更清楚方便地將觀眾引領到「屬於」他的座位，大幅度地減少了觀眾遊蕩徘

　　功能都兼備的劇場也不是全然沒有，例如 1931 年的「台中娛樂館」及 1935
　　年的「台灣劇場」都是佔地相當廣闊且設備新穎的劇場。

徊於座位之間的時間〔註 19〕。空間與設備的層層分級除了影響著觀眾的身體
行動之外，這種細細雕琢的空間氛圍也連帶地影響了看電影觀眾在電影院的
各種身體感覺。1936 年所舉辦的一場演劇、電影相關的研討會當中，針對電
影院內冷氣的裝置提出質問，電影結束前是否應該提前二十分鐘將冷氣關掉
避免觀客感冒，但倘若提前關閉冷氣，是否也會因為人數過多而產生悶熱現
象等問題。都市裡面的電影常設館不僅僅要將路人引導成觀眾，更要切實的
依循每個步驟觀賞電影，更要調細都會人的神經線，細細品嚐的除了黑暗中
發亮的膠捲，更是電影院內所有可觸可感的溫度與空氣。

圖 2-7　新竹有樂館

出處：國家圖書館臺灣記憶
http://memory.ncl.edu.tw/tm_cgi/hypage.cgi?HYPAGE=image_home.hpg

　　如前所述，電影放映空間與其他功能的個室的分割其實象徵著觀眾必須
更專注於影片，然而，這與觀眾在電影院內被培養出來的細膩神經並非毫無
矛盾。什麼叫做「打擾」本來就是隨著時空地點來決定的，過去室外的電影
放映可能在風吹雨打、寒冬酷暑中進行著，即使二〇年代之後移到混合戲院

〔註19〕根據〈才人田中美彥君登場──臺灣唯一のニユース劇場生る〉，《臺灣公論》
　　　　第二卷第十二號 P15，昭和 12 年 12 月 1 日，當時榻榻米座位幾乎都被更換
　　　　為椅子席。到了 1937 年只剩下少數幾間劇場沒有椅子座席，例如西門町的第
　　　　二世界館，還因此遭到批評與非難。

也可能被尋找位置的觀客、身旁的談笑聲甚至是臨監警察的制止所干擾，但卻未曾出現「不要打擾我看電影」的抗議。三○年代之後，進口影片增加，電影常設館也在各大都市興建後卻經常出現對電影院查票制度的忿忿不平之聲。

> 突然光亮的懷中電燈的光打壞了我看電影的氣氛。從那之後只是變得神經敏銳起來，對於映畫的記憶卻沒有了只留下令人感到不愉快的憂鬱……映畫中的查票行爲是絕對要禁止的〔註20〕。

另一篇抗議電影院內的查票制度也與上一篇同樣出現在昭和八年（1933年）：

> 穿著沒有洗乾淨的衣服的奇怪查票人員以及一點也不親切的歐巴桑讓人一點也不覺得高興。無視於觀客人格的票券檢查是如何呢？我的朋友──當然是買了票進場的──因爲討厭麻煩可能不出示票券地結束了。如果這麼小的紙片夾入了火柴盒裡面就遭糕了，穿著洋服的話一個一個的口袋裡找，和服的話就必須往袖口裡面像掃除一樣的翻。沒有給查票人員看的話就像逮捕小偷一樣的強迫你繳追徵金〔註21〕。

電影院的光線、氣氛、沒有洗乾淨的制服、不親切的歐巴桑都成了觀眾看電影的憂鬱。電影院內的查票制度成爲專心看電影的敵對面，電影院內細緻的空間分類與功能區隔一方面讓觀眾向專心看電影的道路上推進，但另一方面種種環境和設備的層層細分也造就了有著敏銳神經的觀眾群。動作的牽引轉向情感的配置，從榻榻米座席改爲椅子座位，使觀眾將尋找座位的時間轉移到注意影片情節上。椅子座位也導致了帶位小姐的出現，而帶位小姐的制服、笑容和態度又牽動著日益敏銳的觀眾感覺，觀眾自主地建立一套觀賞電影的感覺配置。

　　電影的放映從室外轉移至室內，日式木造建築與歐化風格的建物構成了電影院有形的牆，儀式性的買票、入座，空間功能性的分割則構成了電影文化無形的框架。昭和八年（1933年）《三六九小報》一篇小短篇〈媽媽我去看影戲〉就表露了「看電影」這個活動在意義上的轉變：

〔註20〕甲斐子，〈臺灣の映畫館に對する希望〉，《映畫生活》，臺北シネマリーグ機關誌第三卷第3號（No12，9月號）。

〔註21〕C・K生，〈テケツ拜見中止のこご：臺灣の映畫館に對する希望　その一〉，《映畫生活》，臺北シネマリーグ機關誌第三卷第2號（No11，7月號）。

十時三十分。廣舞臺宣告散場。裏面的觀眾。一群群的跑出來。在這燈紅火綠之下，映出一對青年男女。後面跟著一個女孩子。唧唧濃濃站著電柱旁說話。像一對久別重逢的夫婦……「好妹妹」「不要說媽媽知。我和表哥去看影戲。下次我還同你去」她將近入門時。向她的妹妹。千萬吩咐……〔註22〕

該篇短文講述女子趁著與妹妹看電影時與表哥約會的情景，這篇文章與之前《臺灣民報》上關於新竹北門外竹陽軒所放映的電影感想相較起來，電影所象徵的不再是提供奇觀，如同馬戲團或是魔術等街頭表演，而有了獨特的象徵意義。電影常設館透過異國風情的建物、先進文明的設備與秩序勾勒出不同的電影文化圖像。在這篇短文中「看電影」立即地和都會文化、流行、摩登或者自由戀愛等等概念連接起來，「看電影」因此成為當時男女朋友約會的空間，或者說是城市男女自由戀愛的代表場所。

另一篇文章則從劇場的營業層面來討論如何吸引觀客的問題，以台北的「榮座」為例討論電影與摩登、流行甚至情慾的關聯。

在這個追求快速的（スピード）時代，情慾的（エロ）色彩很鮮明，因此不快點抓住人心的變動是不行的。劇場不變得華麗、吸引人的話，娛樂的氣氛就無法產生，也無法吸引觀客〔註23〕。

此處所說的情慾（エロ〔註24〕），通常意味著電影常設館的空間配置必須能夠營造情慾漫生的觀影場景，才能獲得觀客青睞。整體來說，電影常設館的空間形式改變了觀看電影所代表的意義，異國風情的建築風格、細緻的設備與空間配置也纖細了都會觀眾的神經。電影文化隨之建立了與過去迥然不同的價值體系，文明、先進、摩登逐漸成為電影文化新的象徵與意義。

回顧電影剛剛進入台灣的十幾個年頭，放映空間從廟埕、空地、戲棚野台或是臨時搭建的小木屋，轉移至和日本演劇混合演出的小型劇場，直至三〇年代片源穩定之後，便開始設置固定的電影常設館。本章所希望描述的是電影從室外開放空間轉向固定放映場所的轉折過程，電影的觀看從開放性的街道、廟埕，進入的電影常設館的過程中，電影文化與廟會、魔術表演、傳統

〔註22〕 《三六九小報》，昭和八年（1933年）1月29日「近事短篇：媽媽我去看影戲（二）」。

〔註23〕 〈榮座を語る〉，《演藝とキネマ》第三卷二號，臺灣演藝娛樂社發行，昭和五年（1930）十月號。

〔註24〕 erotic之意。

歌仔戲、日本演劇等等這些活動所產生的不解之緣都將深埋在日後電影文化在台灣的開展過程中。此處，以空間作為電影文化進入台灣的發端，固定的放映場所發展出一套具有規則邏輯的空間化形式與視覺觀看方式。不論是日式木造建築、或是歐化三層建物的電影院都意味著觀看電影從隨意瀏覽與走馬看花的活動過渡到必須遵守一定規章以及觀賞秩序的儀式，例如買票、脫鞋、置物以及專心的觀賞等等。映演空間的逐步設置使得隨意的路人成為一名觀眾，透過看電影的儀式性手續、動線以及各種禁令的頒佈，其目的是維持黑暗電影院的治安與秩序。三〇年代之後的大型電影院，由於其空間的細密劃分，掌控治理就更是有效且迅速地蔓延開來，觀眾甚至主動地要求秩序與規則。另一方面，大型電影常設館的空間設置，按照不同的功能性，偌大的空間被細緻地切分為吸煙室、電話室或咖啡飲料室等等，電影常設館的空間劃分一方面要求觀眾專心觀賞電影，另一方面也塑造了觀眾對於電影院內各種物件、溫度甚至空氣的敏感神經，兩造之間並非全然契合，而是存在著些許牴觸。最後，電影映演空間的逐漸形成，日式與異國風情的建築以及內部各種先進文明的禮儀與規範都再再地改寫了電影文化的象徵與指涉，讓電影文化與文明、摩登甚至是情慾等等概念進行扣連。

第三章　電影論述的打開與閉鎖

第一節　臺灣文協的劇場爭奪戰

　　承接上一章所展開的層層空間建置，本章所希望關注的是隨著電影放映空間而逐漸延伸出來的各種言說與討論。開放空地至封閉空間的重層劃分帶領著路人化身為觀眾，都會中微調的神經線也被重新整理分配。電影院，過去黑暗的治安死角，現今成為秩序與摩登的代名詞。這套細心規劃經營的空間分佈同時開啟了電影文化的各種言說與論述，甚至是背後所蘊含的權力角逐場域。

　　一、二〇年代之後電影文化所牽涉的範圍越來越廣，各種文藝短歌、俳句、小說、演劇、音樂所出版的雜誌期刊內有混雜著類似電影評論的短篇文章。更重要的是，三〇年代之後，大型映畫常設館的興建以及各種大小型電影俱樂部的成立，也讓影片的內容以文字的方式遺留下來，轉變為另一種「看」電影的方式，電影語言的語言。

　　日本統治時代在台灣開辦雜誌本來就有諸多限制，加上大部分電影同好會的組成也大多是日本人，因此，當時主要的電影雜誌便以日文為主。專門的映畫雜誌出現之前，短歌、俳句、散文等文藝為主軸的雜誌中偶爾會出現映畫的評論作品。例如創刊於大正四年（1915）年的《紅塵》，是由臺灣文藝同志會所開辦的機關誌〔註1〕，1915 年《紅塵》出現的映畫評論〈活動寫真を

〔註1〕　《紅塵》是當時文藝的專門雜誌，只有數篇關於映畫的評論作品。其創刊號標榜著：文字有靈性之後成為文藝，文藝的意義嚴格的來說就是人生，文藝

見て〉〔註2〕就已經開始討論辯士的說明與影片內容不符的問題，說明觀眾因為不懂英語，因此便由著辯士胡謅是未來必須要考慮的映畫問題。這類的評論雖說數量稀少，但對電影細緻觀賞的程度已經隱約可見。一〇年代的文藝刊物多數發刊並不穩定，而其中討論映畫的篇幅更是有如鳳毛麟角，直至二〇年代後，隨著電影常設館的數量和規模日益擴大，進口的日片或歐美影片不斷在台灣上映，電影評論的數量才逐漸增多，1929 年出刊的《演藝とキネマ》開始固定且較大篇幅的討論電影。三〇年代，台北、高雄相繼組織了映畫俱樂部，並且於稍後發行映畫俱樂部的機關誌，也就是《映畫生活》與《映畫往來》，討論電影的層面與方式日益複雜。稍後，即使戰爭一觸即發，仍有一些專門的映畫雜誌出陸續出刊，包括昭和十年（1935 年）八月份創刊的《臺灣藝術新報》以及昭和十二年（1938 年）創刊的《UTOPIA》，都是與映畫等文藝相關且發刊期較長的雜誌。

之前已經約略提到二〇年代所創立的「臺灣文化協會」，同時也是整個日本統治時期最具文化特色的反抗組織，其組織刊物《臺灣青年》、《臺灣》、《臺灣民報》與後來的《臺灣新民報》也表現了反抗帝國主義與資本主義的濃厚色彩。《臺灣民報》首重教育與文明問題，並以啓發文化、振起民氣為宗旨〔註3〕，放映電影也成為其所重視的手段之一，因此《臺灣民報》上經常出現進口的影片以及各種放映消息，這些遺留下來的文字論述或爭論，有時候雖然不觸及影像內容，但卻成為當時電影文化很重要的側寫，為我們描繪出更豐富的文化現象。

二、三〇年代之後，即便各地的電影常設館不論在數量和設備上皆已頗具規模，但是臺灣文化協會以及零星的電影巡迴放映業者卻仍時常遭遇無空間可供放映的窘境。自 1925 年蔡培火成立巡迴寫眞隊以來，受到台灣觀客的熱烈歡迎，於大正十五（1926 年）年 9 月開辦文化協會寫眞第二隊〔註4〕，1926年電影巡迴放映隊在台南成軍。除了由臺灣文化協會安排公開巡迴放映的地

是人類最高的趣味。近來由於社會道德的頹廢，忘記前人建設臺灣的辛苦。思想界如今也害怕被惡風潮包圍，因此無形的精神教育是當務之急，趣味必須向上，因為趣味的墮落是社會道德衰頹的重要原因之一。

〔註2〕 白水生，〈活動寫眞を見て〉，《紅塵》第二號，大正四年七月二十四日發行，臺灣文藝同志會發行。

〔註3〕 慈舟，〈創刊詞〉，《台灣民報》第 1 號，大正十二年（1923）四月十五日。

〔註4〕 〈文協活動寫眞第二隊即將開演〉，《臺灣民報》第 124 號，大正十五年九月二十六日。

點與時間，全台其他地區亦可由地方人士提出申請，邀請文協的電影巡迴放映隊至各地映寫，入場費從十錢到二十錢不等〔註5〕。由於文化協會寫眞隊以及後來成軍的「美台團」價錢低廉，因此所到之處經常盛況空前且時常加演〔註6〕。但，臺灣文化協會在政治上的左傾與民族自覺的主張很容易與日本殖民政府當局產生緊張關係，這種衝突往往表現在電影映演途中被臨監警察提出注意警告或中止，以及場地租借上產生困難，不批准其映演活動等等。相對於都市的大型映畫常設館，文化協會寫眞隊爲了更貼近民眾，或礙於經費問題，大多至鄉下、農村地區如豐原、霧峰、草屯等地放映，或利用廟埕、各地公會堂、學校講堂或當地的小型劇場，能夠運用的空間相當有限，有時甚至無法順利租借映演場地。1929 年文化協會寫眞隊舉辦五月一日勞動祭放映活動，卻遭到台北永樂座的老闆拒借〔註7〕。不論是放映的內容太過敏感或是戲園老闆因爲利益上的考量，寧可租借給當時頗受歡迎的歌仔戲戲團演出，都不願將場地租借給文協放映電影。正是因爲映演空間的拮据，臺灣文協深感台灣人娛樂及文化機構的不足，並以《臺灣民報》作爲抒發的窗口提出各種爭論。

　　臺灣文化協會自成立以來，便以文化啓蒙與大眾教育作爲其主要宗旨，因此對文化及娛樂機關的要求向來十分積極，尤其對日本人與台灣人之間各項不平等的問題提出相當直接且激進的言論。臺灣文化協會舉辦各種夏季學校、文化演講與電影放映，其目的是爲了彌補台人與日人之間天壤之別的受教權，並希望提高農村以及偏僻地方的識字率，以利思想的傳播。爲此，臺灣文協反對臺灣大學的興建。因爲當時台灣人兒童初等學校的入學率只有百分之三十，而日本兒童卻高達百分之九十七，此時興建臺灣大學無非只是讓日本人就讀而已。臺灣文化協會強調與此相較，更爲急迫的是開辦初級與中級教育來提高台灣人的入學率〔註8〕，但日本政府卻只重視日本人在台灣的高

〔註5〕　當時「芳乃館」的入場料分等級爲一圓二十錢、一圓、八十錢、五十錢不等，相較起來美台團的入場費確實非常低廉。

〔註6〕　〈文協或動寫眞隊：先由臺南開演，呈未曾有之大盛況〉，《臺灣民報》第102號，大正十五年四月二十五日；〈嘉義文協影戲盛況〉，《臺灣民報》第132號，大正十五年十一月二十一日；〈美臺團影片好況〉，《臺灣民報》，第242期，昭和四年一月八日等等描述文協電影巡迴隊所到之處所產生的盛況。

〔註7〕　〈御用戲園主不借勞動祭使用〉，《臺灣民報》，第259期，昭和四年五月五日。

〔註8〕　〈反對建設臺灣大學〉，《臺灣民報》第二卷第8號，大正十三年九月十八日。

等教育，忽視了在台灣的普及教育，《臺灣民報》藉此大膽指陳日本政府的愚民政策。

　　類似台灣人與日本人受教權的差異問題也燃燒到了劇院的興建問題上。臺灣文化協會批評在城內或各州日本人居住地區建設完善的電影常設館或劇場事實上是造成浪費，只爲了方便日本人利用，作爲日人集會空間進行觀賞電影或娛樂用途，而完全不顧及台灣人文化受教權。如大正十四年（1926年）的報導：

> 內地人對本來在臺南的南座戲園非常不滿意，認爲很狹窄，希望能新建設新的市營戲園。高島鈴三郎等人於是找了臺南州知事協商，但由於經費問題，知事建議以本島人的大戲園進行改建，不但可同時演出中國戲與日本戲，亦可增進內台人的感情〔註9〕。

《臺灣民報》的報導中稱讚知事的處理方式，並以經濟上的理由反對內地人新建劇場。事實上，隔月的《臺灣民報》旋即提出當時日本內閣正以節省經費爲主要政策，此時希望新建劇場者未免太過不識時務〔註10〕。雖是以節約爲由反對興建城內的新劇場，但是支持以本島人的戲園改建其實也透露出希望擴展台灣本島人能夠使用的娛樂空間。1932年通過提案並確定興建的臺北公會堂，也在當時引起類似的批評，同時更清楚地指出日本人與台灣人在使用機率上的不平等。批評的立足點仍是經濟不景氣之時，建造美輪美奐且號稱臺北州首屈一指的公會堂建築，只是爲了滿足官員虛榮心。《臺灣民報》主要所批評的是日本殖民政府完全不顧及台灣人文化與娛樂機關的缺乏而濫用經費一事〔註11〕。關於此點，臺灣文協深感資源上的不平均分配，對於城內大型劇場的興建一再提出尖銳批評，並具體地要求建造台灣人能夠經常使用的劇場空間。

〔註9〕　〈不成樣子的臺南市役所〉，《臺灣民報》第63號，大正十四年八月二日。

〔註10〕　〈臺南市營戲園的問題〉，《臺灣民報》第70號，大正十四年九月十三日。此處稱的內地人爲日本人，本島人爲台灣人。1924～1932年是日本內閣政治的憲政常軌期。當時立憲民政黨支持政黨政治理念，緊縮財政，進行行政整理，與官僚對立，並以幣原喜重郎外相爲代表。

〔註11〕　〈公會堂利用は機會均等に〉，《臺灣新民報》，第407期，昭和七年三月十九日；〈宏壯公會堂の計畫〉，《臺灣新民報》，第408期，昭和七年三月二十六日。

圖 3-1　三〇年代興建的台北公會堂

出處：國家圖書館臺灣記憶

http://memory.ncl.edu.tw/tm_cgi/hypage.cgi?HYPAGE=image_home.hpg

從這些教育資源不平均分配的尖銳批判可以看出臺灣文協促進台灣人娛樂和文化機關的積極程度，不僅在《臺灣民報》上大力鼓吹社會教育以及培養優良文化，也組織讀報社、開辦文化演講，鼓勵各地組織與文化相關的俱樂部。此外，對於鄉下低識字率的農民而言，電影放映無疑是最直接，亦是最爲急要的社會教育手段之一。大正十三年（1924 年）該篇報導指出：

> 台灣目前的娛樂大多乏高尚而近野鄙，因此務須以高尚優秀的文化
>
> 教育民眾，而劇場和集會場所的需求也就因此產生〔註12〕。

文中指出必須以文化演講、電影或其他戲劇作爲「高尚」的啓蒙手段，用以驅逐「低劣」的賭博、歌仔戲或子弟戲等等過去鄙俗的不良文化。

臺灣文化協會透過各種文化演講、讀報社、電影放映來提高台灣人文明與教化程度，一方面是彌補當時台灣人在受教權上的缺憾，另一方面對當時日台人之間各種資源分配的不對等現象進行對話與抗爭。臺灣文化協會積極地舉辦各類文化活動，提倡社會教育，其背後主要的論點乃是台灣人與日本

〔註12〕 敏川，〈論社會教育〉，《台灣民報》第二卷第 15 號，大正十三年八月十一日，此處提出台灣人最危急要之社會教育爲講演會、讀報社、觀覽設施、修養機關、職業指導、娛樂改善、生活改善。

人相同地作為具有文明與教化的民族，為何日台人之間有不公平的資源分配與對待？更清楚的說，倘若能夠利用高尚文化來促使台灣人成為文明、進步的民族，那麼，日、台人之間的不公平關係就不應該存在。這種思考樣態也在劇場空間的要求上被突顯出來，1927 年文協寫真隊受高雄機械工友會邀請，前往高雄苓雅寮廟庭映寫：

> 辯士雖極力說明，但由於地處曠野，聲音不能遠播，文協希望當局
> 能促進台灣人正當集會場所，改善集會品質〔註13〕。

另外昭和 3 年的報導「南臺中に劇場建設計劃」也要求政府在各個非都會區興建台灣人能夠使用的集會空間，或支持地方人士提出設置劇場的計畫，指出集會及娛樂場所的缺乏不但造成市民的不便，同時阻礙地方之發展〔註 14〕。文面上以阻礙地方發展為由與日本當局進行抗爭，地方的文明與進步成為爭取劇場空間的籌碼，用以交換台灣人與日本人之間的平等受教權。昭和三年（1928 年）《臺灣民報》〔註15〕的報導中指出：

> 現在的豐原座是十年前建設的，規模狹小，不但非衛生且具危險性，
> 貧弱的劇場設備不能滿足民眾。本來藩日新等人申請的豐原新劇場
> 已經許可，但是因為其他劇場關係者與郡當局結合而使計畫產生變
> 更，此舉妨害了豐原的發展。

從上述這兩篇要求地方劇場的報導當中可以看出，正當集會場所之設立與地方的繁榮進步是臺灣文化協會認為能與日本殖民政府達成共識的爭論根據，並在此處展開雙方之間的攻防戰。也就是說，設置正當集會場所與各地之進步乃是臺灣文協與日本殖民政府皆希望達成的目標，但在具體實施的內容上雙方卻產生了歧異。臺灣文化協會強調的是建造台灣島上大部分的居民得以使用之集合空間，但是此時在大都市城內興建的大型映畫常設館卻是為了服務少數的在台日本人。文字上常使用一般民眾對於劇場的建設非常熱烈地期待，但這些劇場興建計畫卻通常遭到政府部門及其他劇場的反對，將所謂「大部分居民」與「一般民眾」的立場突顯出來。並將民眾與當局政府及劇場商人之間對立起來，以娛樂空間的匱乏以及地方無法發展等等地方的進

〔註13〕〈高雄開映文化影戲〉，《臺灣民報》第 176 號，昭和二年十月二日。

〔註14〕〈南臺中に劇場建設計劃〉，《臺灣民報》，第 216 期，昭和三年七月八日，此處豐原欲新建的劇場為豐原街的藩日群、王阿火、藩日新、張海浪以株式會社的方式欲在豐原建設的劇場。

〔註15〕〈豐原街に劇場新築計劃〉，《臺灣民報》，第 219 期，昭和三年七月二十九日。

步文明使其言論正當化,事實上要求的是台灣人能夠使用的劇場與集會空間的增加,企圖以劇場及集會空間的擴展來爭取本島台灣人的文化受教權,以及要求資源的重新劃分。

《臺灣民報》上這一系列的言論強烈地透露出對近代文明的想望,例如,大量設置公學校一直是臺灣文化協會努力不懈的目標之一。大正二年(1913)年,林獻堂與其他中部地區有力人士共同設置了「勸學會」,獎勵貧困學生至國外留學,後來這筆費用便轉往設立台中私立中學,讓台灣人在公學校畢業之後得以繼續升學。對辦學的積極態度也表現在各種社會教育上,並企圖以各種社會教育的方式來彌補學校教育的不足。文化演講、讀報社、夏季學校和放映影片的美台團都成為普及社會教育的主要方式。以這樣的視角回過頭來看待《臺灣民報》這些關於劇場的報導,臺灣文化協會其實是利用劇場空間的要求來開展社會教育空間,而社會教育在某個程度上則意味著對近代文明的追求。臺灣文化協會以節約經費為由反對城內日本人居住區的劇場建設,卻以阻礙地方進步發展抗議日本當局對地區劇場之輕視。地方的文明與進步、發達與前進似乎是兩造都不需懷疑的出發點,對近代文明的嚮往成了臺灣文化協會積極爭取受教權的動力。

陳培豐在《「同化」的同床異夢》一書當中仔細地分析日本殖民政府在台灣所實施的同化政策,將之細分為「同化為(近代)文明」與「同化於(日本)民族」兩個概念〔註16〕。本書藉由日治時期的國語教育來重新看待當時的同化政策,認為當時台灣人對於國語教育的追求乃根植於對近代文明的渴求,企圖通過日本所實施的普及教育迄及文明開化的光環,但對於國語教育中同化於(日本)民族的部分則顯得不太熱衷。日本方面則鑒於國體的完滿以及天皇之下一視同仁的宣稱,透過普及教育開化台灣使其與日本同一。但事實上台灣作為日本殖民地在實質權力和資源分配上差異是不可抹除的問題,這兩者之間就成為最大的難題,即使如此,對近代文明的認可成為無庸置疑的前提。然而,近代文明這個最大公因數並不能保證兩造之間的和諧共存,《臺灣民報》中關於劇場空間的爭奪言論就能看出端倪。臺灣文化協會接受新式教育與近代文明所追求的是台灣民眾的啟蒙與開化,以脫離被殖民的

〔註16〕陳培豐,王興安、鳳氣至純平譯,《「同話」的同床異夢:日治時期臺灣的語言政策、近代化與認同》,麥田出版,2006。本書細述了同化政策內涵的抽換以及台灣人對國語政策態度的轉變。

不幸遭遇，但通過的手段卻是要求日本殖民政府所實施的教育制度以及企圖
使自我文明化的各種社會教化手段。意即臺灣文化協會討論日台人之間社會
資源分配不平均的同時，希望透過的是提升台灣的文明與文化來解決日台人
之間所遭受的不公平待遇，也就是帝國主義的殖民現況。而所謂自我教化的
各種手段之間也可能產生衝突，同樣是朝向同化的教育體制，在吸取同化於
文明的同時卻不得不面對同化於日本民族的吊詭。也就是說，臺灣文化協會
在反對殖民以及帝國主義時所面對的難題並不亞於日本政府處理普及教育以
及管控制理之間的兩難。於是，臺灣文化協會在劇場空間的爭取上不得不強
調一種屬於台灣人使用的集會場所，也就是屬於台灣人的社會教化方式。而
這就違反日本殖民的統治邏輯，所謂「一視同仁」的天皇子民在這裡遭遇到
「台灣人」正當集會場所的要求，台灣人與日本人之間的差異被突顯出來；
另外，社會資源的不平等分配直指「一視同仁」這個虛妄宣稱。雖然，不論
臺灣文化協會或是日本殖民政府都具有對於近代文明的慾望，但一旦牽涉到
實際的利益分配，雙方內部所隱藏的衝突就如同野火順勢燃燒開來。

劇場空間的爭辯

　　劇場空間的爭取事實上就隱含著對受教權的慾望，這種認同於近代文明
卻必須抵抗帶來近代文明的殖民體制所產生的矛盾困擾著臺灣文化協會，其
面對這個難題的方式是要求台灣人為主的正當劇場空間。不但清楚劃分出台
灣人與日本人之間的差異，同時在論述上針對公共資源分配的不平均問題進
行批判。這種論述策略激發出商業競爭中剝削與壟斷的問題。昭和三年（1928
年）對興建「豐原新劇場」的請願問題，《臺灣民報》的請願直接被具有監督
地位的西村署長拒絕，其理由為入場觀覽者少，以致於有經營困難的憂慮。
對此，《臺灣民報》〔註17〕提出反駁：

> 以南台中已經具有台中三分之一的人口，但是本島人經營的劇場
> 只有一處，娛樂機關確實相當貧乏。同時，劇場的建設關係著住
> 民的社會教育與地方的發展，不能因為商業利益的因素而反駁
> 之，政府應該重視住民的生活，而非迎合劇場關係者壟斷之慾望。

此處非常大膽直接地指陳政策指導者與劇場壟斷者之間的合作關係，以劇場
壟斷問題為切入點挑戰了政策領導者與商業壟斷者的共謀，並劃開了統治

〔註17〕〈豐原街に劇場新築計劃〉，《臺灣民報》，第219期，昭和三年七月二十九日。

者、經營者與民眾之間的立場，同時強調前者對後者的迫害，以此啟蒙、喚醒民眾。

　　事實上，殖民統治與資本主義原本就脫離不了干係，日本自從 1905 年日俄戰爭之後便加緊發展台灣方面的殖產事業，以利日本國內財政，製糖產業就是積極開發的產業之一。在日本政府積極鼓勵與大量廉價收購台灣土地的情形之下，1920 年代台灣的糖業已由日本的三菱、三井以及藤山三家公司所壟斷，產量超過全台糖業的四分之三。由糖業開先鋒來台發展，日本殖民政府繼續鼓吹更多日本實業家來台發展各種事業，加上第一次世界大戰後，日本國內景氣大好，二、三〇年代很多日本企業都以巨額資金進入台灣。日本企業家鉅額投資的結果造成台灣的貧富差距日益嚴重，同時也使得殖民體制下資源分配不均的問題更為惡化〔註18〕。其中，最著名的莫過於日本在台的鴉片政策，日本政府為了增加財政稅收，在南門附近開設工廠製造鴉片，並且在財政吃緊的期間，提議開放鴉片吸食。此項決策遭到台灣民眾黨的強烈反彈，1929 年向日本政府抗議無效之後，直接致電至日內瓦國際聯盟控訴。另外，在台經營的生產事業，必須有日本人參與股份，台灣人很少握有實權，也是造成日台之間經濟關係對立的主因。

　　劇場經營方面也是如此，一〇年代來台經營劇場的高松豐次郎開始時便是受到當時的臺灣總督府民政長官後藤新平的請託，前往開發殖民地台灣的劇場事業。雖然高松豐次郎時代，劇場與活動寫真事業在台灣尚未發達起來，資本主義相互競爭的特徵尚未明顯出現。但是，到了二〇年代，電影市場逐步擴大，混合劇場與電影常設館也有了一定的數量。此時，各個劇場之間開始角逐、競爭客源難免導致利益的損失，也就與當初日本政府鼓勵實業家前往殖民地開發的心願相違背，造就了後來日本殖民政府不可迴避的棘手問題。

　　對於臺灣文化協會來說，資本主義所引發的矛盾與衝突恰恰可以清楚地說明殖民主義之下日台人之間所遭受的不平等待遇，在劇場問題中也是如此。《臺灣民報》將民眾與殖民政府以及與其共謀的劇場壟斷者兩方清楚地區分開來，這樣的言論策略相較於之前更為顯著與直接。昭和六年（1931 年）

〔註18〕例如日本財團三菱獨佔樟腦，三井專賣鴉片，成為總督府大筆收入來源。總督府鴉片收入最高峰曾達四百多萬元，佔經常歲收的三成。專賣也做為政府獎賞，例如辜顯榮等協助總督府行政的仕紳，獲准賣鹽。

的一篇報導〈臺中舞臺股主取不當之利〉：

> 臺中州初音町的樂舞台本是台灣人唯一持有的戲院，近來因爲股份
> 被內地人佔去，所以變成以取利爲最大目的。因爲凡是股東都有免
> 費入場的銅牌可讓家屬觀看電影，而內地人佔了戲院之後，不但常
> 中飽私囊，且販賣特權的銅牌。爲了利益只開演賣座的歌仔戲，使
> 得優良的戲劇和影戲無法上映。〔註19〕

報導中壁壘分明的本島人與日本人以互相對立的姿態存在，臺灣文化協會所
要求的不僅僅是台灣人可以使用的娛樂和集會機關，同時，更是不以取利爲
目的的社會教育場所，而這與日本殖民政府所希望的劇場經營便產生了衝
突。文中指出內地人強佔了本島人唯一持有的戲院並且販售股東銅牌中飽私
囊，不僅僅以取利於劇場爲首要目的，爲了金錢不擇手段，忽視劇場作爲公
共娛樂機關的社會教育責任，不讓優良的電影或戲劇上映。在臺灣文化協會
的眼裡，日本實業家與殖民政府之間的合作關係切切實實地剝奪了台灣民眾
接受社會教育的空間，昂貴的票價、以利益爲目的選擇放映項目以及資本持
有者所享有的特權都一再地阻礙了對台灣民眾的啓蒙工作，切斷了臺灣文協
所希冀的台灣人社會教化空間。

　　反之，劇場經營者對於殖民地台灣劇場的經營事業卻有不一樣的視角，
《演藝とキネマ》在昭和四年（1929年）的報導中，認爲臺中座由於年代久
遠，因此希望改建〔註20〕。但由於正值社會不景氣，因此只得拖延，該篇文
章支持臺中座改建，並且提出民眾的要求並非無理。

> 因爲老舊的劇場，令民眾十分不快，例如，馬口鐵製成的屋頂，每
> 逢下雨就非常吵雜。或是另一處常設館大正館，其昏暗的燈光令觀
> 客不得不忍耐。

設備或環境上的不良其實妨害了觀客衛生與健康，因此無法吸引觀客，更重
要的是窒礙了娛樂事業的發展。隔年的另一篇報導所表現出的商業考量則更
爲顯著，《演藝とキネマ》十月號對當時的榮座進行檢討，討論當時的榮座
不能振興的理由〔註21〕。首先說明因爲榮座位於島都的首都臺北，沒有其他

〔註19〕〈臺中舞臺股主取不當之利〉，《臺灣新民報》，第351期，昭和六年二月十四日。
〔註20〕毒蛇人，〈臺中支局通信〉，《演藝とキネマ》第一卷三號，臺灣演藝娛樂社發
　　　　行，昭和四年（1929）十月號。
〔註21〕〈榮座を語る〉，《演藝とキネマ》第三卷二號，臺灣演藝娛樂社發行，昭和
　　　　五年（1930）十月號。

的競爭者，所以其獨佔性使得很多缺點變得可以被原諒。文章中指出榮座在當時擁有這麼好的條件，映演成績還不好，實屬不可思議，於是徹底檢討其原因。大致分為兩個方面，第一，台灣的演劇和娛樂活動並不興盛，所以劇場生意無法興隆。其次檢討的則是設備的問題，在此，引述文中討論設備之部分：〔註22〕

> 在這個追求快速的（スピード）時代，情慾的（エロ）色彩很鮮明，因此不快點抓住人心的變動是不行的。劇場不變得華麗、吸引人的話，娛樂的氣氛就無法產生，而榮座的樣貌從過去到現在卻都沒有改變。非但如此，不衛生的觀覽席，髒污的銀幕都會使觀客很難安心地觀看表演，像是衛生這樣的狀態也會讓觀客退卻，所以是萬萬不可的事情。總而言之，座席的改良、劇場諸設備的增補是最急務。榮座是島都唯一的劇場，因此有領導的責任，最近在舞台的道具上已經有慢慢的更新，稍微符合了時代的要求，否則，就如同破酒袋無法承裝美酒一樣，即使有優秀的劇團或映畫表演，也無法呈獻給觀客。

兩篇文章以衛生與設備問題，觀覽席和銀幕的髒污以及設備老舊提出改建的需求，其目的都是為了吸引更多的觀眾，也就是基於商業上的考量。尤其，台北榮座的討論中更是提到娛樂氣氛的塑造等等。在殖民地台灣經營劇場事業，因為觀賞日本演劇與活動寫真的客源已經不穩定，倘若不增加華麗的設備就無法吸引觀眾，劇場的經營事業也就不能成功。由此看來，臺灣文化協會所提倡的增加台灣人可以使用的平價劇場，不以取利為目的放映優良的社會教化影片，就劇場經營者的立場便是就是增加競爭，削減利潤的行為。

　　《演藝とキネマ》站在榮座的角度，認為其映演空間應該改良並且應致力於創造新的娛樂空間，用以吸引觀眾，達到劇場經營的成功。但對於《臺灣民報》來說，日人經營劇場的獨大，則會擠壓了台灣人的集會空間，加上政府經常配合日人劇場的改建計畫，其美輪美奐的建築設備也相對壓縮了台灣人的劇場經費。由於昂貴門票使得台灣人不得其門而入，而且日人經營者也經常享有特權，甚至反對其他劇場的興建，以免增加競爭者。因此，透過劇場空間的爭奪，在某個程度上，暴露出來的是殖民時期殖民者與被殖民之間角力過程。1929 年發刊的《演藝とキネマ》內關於空間的討論專注在吸引觀客與商業經營層面，同時也站在殖民者的立場將台灣視為劇場經營之地，

〔註22〕 同第一章註22。

希望日本人在台的劇場經營事業獲得成功。由於當時進入劇場觀看電影者多為日本人，因此對於劇場設備與空間的改善，也同樣考量的是城內的日本人。無論為了確保劇場事業，或是改善電影空間設備，都勢必會與臺灣文化協會所要求的台人集會空間之興建的要求有所牴觸。臺灣文化協會企圖藉由劇場空間的爭取展開對台灣民眾的社會教化，以彌補台灣人教育和智識上的缺乏。日本殖民政府所實施的普及教育體制中，不僅台灣人繼續升學的管道相當狹隘，同時，在同化政策下的學校教育下，吸收近代文明的智識也遭遇到同化於日本民族的難處。臺灣文化協會因此大力地鼓吹各種啓蒙台灣人的社會教育管道，上述《臺灣民報》對於台灣人劇場的訴求便是在這種爭取受教權的情況下萌生。將日本統治者、劇場經營者與本島台灣人之間透過劇場空間的爭奪與資本主義所引發的特權與資源不均的問題對立起來，希望在同化於近代文明的同時，可以避開同化於日本民族的窘境，但，同化於近代文明以及同化於日本民族之間是不是能夠經由此種方式而產生全然的劃分，以及隨著戰爭的日益緊張而有了怎樣的轉折這些都將在後文繼續討論。

圖 3-2　榮　座

出處：國家圖書館臺灣記憶

http://memory.ncl.edu.tw/tm_cgi/hypage.cgi?HYPAGE=image_home.hpg

第二節　辯士的口頭翻譯

　　隨著電影文化的建制，所牽涉的不只是劇場空間的爭奪，還連帶地生產了許多文化現象，辯士就是其中之一。早期無聲電影映演時，皆有樂隊伴奏，日本則特別發展了電影解說員作為一種專門的職業，負責解說劇情以及台詞字卡。這樣的職業被引介到台灣來，而「辯士」一詞便是由日本而來的。一○、二○年代的辯士多由戲院人員擔任，後來辯士慢慢發展個人的特色與專業，因此反而跟電影明星一樣成為很重要的宣傳工具。當時一些較大的電影常設館特意從日本請來有名的辯士，如福田笑洋、西村樂天等人。台灣人也開始擔任辯士職務，詹天馬、王雲峰、呂訴上等人都是相當有名的辯士，台灣人辯士大多在大稻埕的戲院用台語解說電影。二○年代之後辯士們的名字經常以最大的字體出現在廣告看板上，成為電影主要的宣傳之一，同時也擁有「辯士迷」。到了三○年代，即便有聲電影已經在台灣上映，由於一般民眾不諳日語，因此辯士仍然在旁進行解說，甚至在 1946 年之後，民眾無法理解國語，因此台語辯士還零星存在著，辯士職業在台灣一直持續到五○年代之後才漸漸消失。

　　由於當時不少知識份子也加入辯士行列，於是辯士便與台灣的文化活動有很大的關係，例如詹天馬是當時全台灣最著名的辯士之一，他曾為電影《桃花泣血記》編寫主題曲的唱詞，為台語流行歌壇揭開了序幕。同時，詹天馬早年因為熱衷話劇，因此是台灣新劇的推動者之一，電影方面也曾大量進口外國片及上海片來台放映。但論起最有組織且持續的文化活動，當屬文協的辯士，自從臺灣文協的電影巡迴放映隊成立以來，由於經費與人力有限，因此一個巡迴放映隊經常是放映師、辯士兩人擔任全部的放映工作，辯士自然成為放映時啟蒙民眾最重要的角色。相對的，臺灣總督府方面也對這股辯士旋風有所感知，從 1927 年開始，總督府開始實施辯士考照許可制度，辯士必須通過當時警察課的考試取得資格與證書，方能開始執業。同時有臨場警察監督，倘若有任何破壞治安的思想或是風俗敗壞的說明，就立刻遭到警告或中止。〔註23〕劇情的敘述方面，也應該按照保安課所審查通過的內容進行說明，假如太過離題，或是任意提出說明也可能遭受到處罰。事實上，辯士坐在電影銀幕的一旁，說明著劇情的同時，除了轉化聲音表演男女主角的對白之外，還是經常任意地穿插滑稽詞語，為電影加油添醋一番。也就是因為這個原因，辯士才有了個人獨特的

〔註23〕「本島で初めての映画解說者試驗」，《臺灣日日新報》1927 年 2 月 26 日。

風格與魅力，如同票房明星一般為電影院爭相招聘。辯士的即興演出或是穿插劇情解說讓辯士成為影片觀賞時重要的一環，為影像賦予不同的靈魂與生命力，也因此，影片放映時辯士經常成為影響戲院氣氛最鉅的關鍵。

圖 3-3　辯士解說現場

出處：戲夢五十
http://www.ctfa.org.tw/taiwan50/note01.htm

圖 3-4　辯士詹天馬

出處：虛擬檔案館
http://www.ctfa.org.tw/taiwan50/note01.htm

　　臺灣文化協會所支持的電影巡迴放映隊，經常性地到農村進行電影放映啓蒙民眾，宣揚其民族與文化理念。美台團所放映的電影大多爲上海電影，有時候也進口日片，通常需要辯士在旁以台語進行解說，才能爲民眾所理解。於劇情解說中，一方面必須顧及臨場警察與電檢制度的規定，另一方面必須能將某些特定的文化理念暗渡陳倉，因此若說辯士是電影巡迴放映隊當中最重要的核心人物也不爲過。從《臺灣民報》關於辯士的報導中可知，辯士經常因爲超過劇本範圍，而在劇情解說中途遭到警告或中止。作爲電影影像的傳達者，透過影像劇情的說明也同時闡述了辯士自身的意識形態。因此，辯士經常與臨場警察立場衝突，以昭和三年（1928 年）的《臺灣民報》爲例，因爲辯士說明違反場內秩序而遭到放映中止的較大篇幅報導就有四則，更多的是對於臺灣文化協會的讀書會、演講會、讀報社的警告和中止。身處於殖民統治時期，統治者種種法規限定，使得辯士不得不以繞路迂迴的方式發聲，透過電影影像述說不同的故事。昭和三年（1928 年）的一篇報導可以作爲參考：

> 新竹民眾黨員蔡清池於新竹郡下新埔庄開演《水上英雄》等中國影片，強調是純粹的營業，沒有特別的使命。但部下調查辯士資格，新竹周氏是不需要辯士許可的。而且巡查要求辯士移坐到他的警官席旁邊。說明的臺本被巡查所持，但卻要求說明要與臺本吻合。片中看到非爲的惡人，辯士用社會教化的精神說：沒論中國人或是臺灣人，斷不可有像這樣惡人的行爲才是。於是終場時被注意，辯士於是回說：你也是臺灣人的一份子，叫臺灣人不可做歹，有什麼不對〔註24〕？

上面這段文字讓我們對《臺灣民報》的立場以及辯士所扮演的角色更爲清晰。首先，《臺灣民報》中所有關於辯士的報導，幾乎全數都以巡查或警察習難作爲標題，標示其與統治者之間的對立關係，並在文中質疑執法者過於嚴苛，或是規則的訂定不合理。再者，教化民眾並促使台灣民眾能夠儘早同化於近代文明的理想是日本統治者與臺灣文化協會雙方共同的交集，但在這個邁向近代文明的共同目標底下，兩方究竟在進行什麼樣的纏鬥？或許關於辯士的一些討論能爲我們提供一個方向。上面這篇臺灣文協放映上海影片《水上英雄》的記載通過辯士之口透露了雙方對社會教育認知上的歧異，所

〔註24〕〈本地巡查刁難活動寫眞〉，《臺灣民報》，第 228 期，昭和三年九月三十日。

謂的教化民眾在臺灣總督府的宣導短片中，可能是日台一家、誠實納稅或是注意衛生。但是在臺灣文化協會的眼中，卻可能包含了民族上的自覺、近代知識的吸取以及道德上的向善。文中論及「沒論中國人或是臺灣人，斷不可有像這樣的惡人的行為才是」，除了道德上的勸善，還隱約可以嗅到一種對民族、種族的敏感度。尤其辯士的回說「你也是臺灣人的一份子，叫臺灣人不可作歹，有什麼不對？」，臨場巡查可能是由本島台灣人擔任，因此在「民族」上相同，但這個「同民族」的指稱，卻隱約地指涉不在場的「異」，也就是處於統治地位的日本人，這也就與二〇年代以來，殖民政府所積極實施的「同化政策」、「日台人一視同仁」的宣稱相違背。

　　臺灣文化協會所放映的多為中國上海影片，放映的地點並非城內的大型電影常設館而是農村，因此辯士通常以台語進行解說，而這也成為文協辯士與統治者之間的另一個衝突。正如影片《榮耀與寂寥——台灣文化協會的年代》〔註25〕所呈現的，臺灣文化協會的辯士所經常遭遇的情況是臨場的巡查或是警察不諳台語，因此只要場面過於激動便立即警告甚至中止映演。因為臺灣文化協會經常選擇中國影片，與上海左翼的關係密切，加上辯士使用的台語時常造成臨監警察的不安。1926 年的《臺灣民報》便對此有所批評：「臨場巡查身邊的通譯者誤解辯士的原意，濫為惡解，加上臨監者不識臺灣語，只依著閱覽者拍手之有無來斷定是否警告〔註26〕」。此處所呈現的是當時統治者對於電影詮釋的不安，辯士使用執法者不能理解的台語，藉由辯士的劇情解說經常讓說明溢出界外，超越本來影片的情節。即使有通譯者在現場幫助巡察理解，仍然無法保障翻譯的真確，民眾的鼓掌或激昂情緒是現場通譯所無法翻譯的部分，而這些卻可能是民眾最為直接的情緒展現。昭和二年（1927 年）的《臺灣民報》曾報導在豐原郡的一次映演活動中，因為辯士說明劇中有一名惡漢蓄八字鬍，並說八字鬍的都不是好人，臨監警官剛好蓄八字鬍而遭到中止〔註27〕。臺灣文化協會辯士的說明，雖說是以「社會教化的精神」進行解說，但在道德上的勸善背後往往觸及民族的覺醒以及對統治、壓迫的反抗，因此經常引起統治者的緊張。而這也引起了《臺灣民報》

〔註25〕 李泳泉導演，《榮耀與寂寥——台灣文化協會的年代》，吳三連史料基金會，2002。
〔註26〕 〈是誰之過〉，《臺灣民報》第 119 號，大正十五年（1926 年）八月二十二日。
〔註27〕 〈豐原郡禁止文協影戲〉，《臺灣民報》第 147 號，昭和二年三月六日。

對臨場巡查不滿的情緒，大正十五年（1926 年）的《臺灣民報》明確地批評日本政府所希望的辯士必須是能夠傳授劇內腳本以下學識的人，但文協皆為腳本以上學識的人才，所以才會被中止。直接地戳破了日本殖民政府所宣稱的「日台一視同仁」，也與近代文明智識上的追求相牴觸，卻進一步地突顯了日本統治的實況。

　　當時除了臺灣文協所訓練的辯士之外，在較具規模的電影常設館也有特意從日本聘請而來的日人辯士，如福田笑洋、和田少陽、染井三郎等，他們有固定的「辯士迷」，因此有時也在電影剛上映時擔任宣傳的工作。這些在城內的電影常設館擔任劇情解說的日人辯士，偶爾也在電影雜誌上發表文章，建立個人獨特的風格與形象。常設館中最重要的辯士通常擔任解說部主任這樣的職位，帶領整個電影常設館的風格與走向，同時與票房攸關。根據海野幸一的回憶：

> 新世界館的主任辯士是福田笑洋。伴奏選曲及指揮官為住吉平太郎。福田擅長說西洋片。他的聲音透徹，有段落的明確說明，又不會瞎扯，所以很紅〔註28〕。

從這裡對於辯士的描述看來，我們可以推測當時的辯士已經有自己獨特的解說方式和拿手的影片，對於音韻節奏的掌握以及影片調性的配合都必須有所考慮。更重要的是，當時對辯士的要求是「不會瞎扯」，意指不能太過脫離影片內容本身，專心於電影劇情成為重要的評判標準。或許，這也同時意味著當時的很多辯士都於影片放映的同時，進行與電影劇情無關的解說或是加油添醋的表演。

　　對日籍辯士的要求是必須專注於電影劇情的解說。此種專注其實在某個程度上指涉了電影文化的範疇，從辯士的解說中，區別了什麼是電影劇情、內容、甚至是表演或技術層面，而什麼是非電影的瞎扯。舉例來說，昭和八年（1933 年）九月，一篇討論台北映畫館的文章說明觀眾必須唾棄不認真的說明者，尤其對於辯士的饒舌不能原諒，只會喋喋不休並不代表對於電影解說非常拿手，甚至於有時候的沉默更能烘托影片的氣氛〔註29〕。此處，可以看出對於映畫館中的日人辯士來說，重要的不僅是電影內容或劇情的說明，

〔註28〕 海野幸一，李享文譯，〈昭和初期台北的電影院〉，《電影欣賞》第七十四期，1995 年 3 月。原連載於《大阪映畫教育月刊》1981 年 5 月至 1982 年 5 月。
〔註29〕 甲斐子，〈臺灣映畫館對希望〉，《映畫生活》，臺北機關誌第三卷第 3 號（No.12，9 月號）。

更爲人所重視的任務是對映演電影劇場內整體氣氛的掌控。所謂氣氛的烘托或掌握或許在此處仍顯抽象，但倘若我們繼續看到海野幸一對於大稻埕劇場的台灣人辯士的描述之後，則會更爲清楚：

> 主任辯士爲詹天馬用台灣話（福建話）説明。他那頗爲明快清晰的
> 音調，連我這不懂台灣話的人也知道是敏捷俐落的高格調。他最擅
> 長於古裝劇，本島人稱他爲「台灣夢聲」，儘管他與（德川）夢聲的
> 聲調不同。他大概是台灣辯士的第一人〔註30〕。

雖然海野幸一不懂台語，但是他仍然稱讚辯士詹天馬「明快清晰的音調與敏捷俐落的高格調」，即是這樣俐落的節奏帶動了劇場內部的整體氛圍，讓觀眾能夠對著相同的電影，一同笑、一同哭或者一同憤怒，甚而連不能理解台語的海野幸一也能在該劇場環境中感同身受。因此，辯士擔當的是劇場內共感的形塑，隨著辯士文化的逐漸成形以及觀眾對影片或電影語言的漸漸認識，辯士說明中的專心、靜默甚至可以促使該共感結構的成形，對於觀眾來說——「我們要專心的看，我們都已經知道此處的情緒，不需要辯士多費唇舌，我們就會有相同的感覺」。雖然辯士對於影片的詮釋使觀眾日益了解電影的內容、劇情、表演、攝影等等，但是也透過對這些電影框架的理解趨於固定，因此辯士對於某些已經形成「常識」不需再說但這些「常識」也就可能越來越制約著觀眾共同的情緒。

臺灣文化協會辯士的意識形態

根據《臺灣民報》上的記載，辯士經常藉由電影解說宣傳臺灣文化協會之政治理念與意識形態，其中並不乏相當激烈或具有批判性質的部分。大正十五年（1926 年）的一篇報導是這樣的：

> 在嘉義南座開演，映出《母子愛情》觀客下淚沾襟難禁。可謂臺
> 灣人向社會教育甚有興趣無疑，台灣人是文明的，喜歡影戲和正
> 當的社會教育和娛樂。警部跟主催者林燦玉説：活寫的辯士説明
> 有脫線而被注意中止者，例如大林開映的頭一天被中止的地方，
> 第二天再説，這就是辯士沒有誠意。頭夜盧丙丁受注意數回，林
> 秋梧繼續説：禽獸幼少的時候，皆受獸母的營養，至於大，自己

〔註30〕 海野幸一，李享文譯，李道明校定，〈昭和初期台北的電影院（下）〉，《電影欣賞》雜誌 75 期（十三卷三期），1995 年 5 月，44～57 頁（連載於《大阪映畫教育》月刊 1981 年 5 月至 1982 年 5 月號）。

就覓食起來。例如人類何嘗不是，但是有向覓食者社會不能供給
牠的，或者有些供給牠，也不足以被人家……（被刪除）的現象，
難道這不是悲慘的事嗎？所以對這種社會，若不及早講方法救
濟，恐惹至沒有曙光變成黑暗的社會出來啊！遂被中止，全夜不
許林秋梧再說。隔天警部在跟林燦玉說：辯士非常沒有誠意，例
如《北極探險》劇中之西藏他說是中國之屬土竟被英國……（被
刪除）好像和政談演說一樣，希望你要和辯士商議將說明順調整
些……（被刪除）〔註31〕。

辯士以喜愛社會教育電影來說明台灣人之文明開化，也一再地強調臺灣文化
協會對於社會教化的注重，一方面因為社會教育的宣告與日本殖民政府有共
通之處，成為躲避查緝很重要的部分；另一方面臺灣文化協會也的確企圖強
化社會教育啟蒙台灣民眾，促使一般民眾產生民族自覺，邁入近代文明也脫
離被壓迫統治的命運，而該主張也同時與日本殖民政府之間產生劇烈的摩
擦。辯士林秋梧將台灣人比喻為已經長大的孩子，日本則是其養父母，正當
化其脫離日本統治之合理性。雖然辯士說明的部分遭到報紙檢閱而刪除，但
由前後文即可知，文中是指台灣已經長大，因此能夠脫離作為養父母的日本
自身獨立。若我們將被刪除的部份作為另一種發聲方式，因為刪除的話語、
位置與前後文的關係等而使得這段文字的意思以另一種方式更加地被突顯出
來。被檢閱而刪除的話語對於正文來說，就像是一種暗示，更早之前的大正
十二年（1923 年）《臺灣民報》一則報導〈象的解放〉，文中便說東京動物園
的一頭象最近發狂了，其發狂的原因無他，正是因為這頭象被抓來動物園已
經禁錮了三十年所致，即使是正常的大象，一旦被囚禁了三十年左右，也會
要發狂的〔註32〕。一篇好像是奇聞異事的報導，在《臺灣民報》上卻若有所
指，因為從 1895 年算起，當時剛好是台灣作為日本殖民地的第二十八年。

　　因為政治環境的限制，《臺灣民報》向來擅用各種譬喻來闡述自身的理
念，讓我們再度回到大正十五年（1926 年）這篇討論辯士的文章當中。辯士
解說的是《北極探險》，但卻透過這部在北極拍攝的紀錄片，批評英國對中國
之領土——西藏的佔領。事實上，當時這類介紹異地景觀的紀錄片已有相當

〔註31〕　〈嘉義文協影戲盛況〉，《臺灣民報》第 132 號，大正十五年十一月二十一日，
　　　　原文中以……表示者皆是在報紙檢閱時以黑筆刪去的部分。
〔註32〕　〈時事短評：象的解放〉，《台灣民報》第 6 號，大正十二年（1923 年）八月
　　　　十五日。

的數量，通常作爲奇觀或是娛樂被看待，影片本身鏡頭的運動也可能已經相當自然流暢，可能並無詮釋劇情的必要。因此，辯士所詮釋的《北極探險》，正是企圖強調當時各地興起的帝國主義，各個殖民母國對於所謂蠻荒之地所施加的暴力。也就是說，辯士的說明提供了閱讀影片的另一種方法，除了影片所呈現的異地光風之外，也將當時的社會脈落或緊張衝突透過劇情解說帶進影片之中，英國對西藏的強取豪奪，聯想到日本對台灣的傾軋統治，臺灣文化協會的辯士就經常透過這種聯想與借用，一方面躲避統治者的查緝，另一方面教育、啓蒙農村民眾。

　　臺灣文化協會在 1927 年分裂之後，《臺灣民報》上左傾的言論更加激烈。然而，扣緊當時的社會氛圍來看，二〇年代末至三〇年代的日本對於無產黨或勞動黨其實相當敏感。當時共產黨人積極參與舉辦各種活動，並在 1928 年日本內地普選後，獲得了八個席次但、也同時發生了 1928 年的三·一五事件及 1929 年的四·一六事件，二次事件都導致大量的共產黨員被捕。1933 年日本共產黨委員長佐野學與鍋山貞親在獄中發表轉向聲明後，多數共產黨員亦隨之轉向，於日本之社會與文學界造成相當重大影響。二〇年代末日本、台灣及韓國的共產黨員彼此的交流非常頻繁。韓國因爲受到日本影響，在 1925 年成立朝鮮共產黨，雖然在三年之後隨即被掃蕩，但彼此之間的關聯卻已露出端倪。其實，台灣與日本內地知識份子的交際也在很早之前就已經開始。1916 年在日本提出民本主義，並且後來極力推動普通選舉與政黨政治的吉野造作，因爲在教會與臺灣文化協會的蔡培火有所交集，因此吉野的文章也出現在後來《臺灣青年》的創刊號當中。到了二〇年代中期，更受到日本共產黨集結的鼓舞，於 1927 年成立臺灣民眾黨，雖然在 1931 年就立即被解散。但在這段期間，日本籍律師也經常替台灣共產黨員進行辯護，此時，日本、朝鮮與台灣三地的無產黨員經常性地合作與交流，對各自的社會脈動有很大的影響。台灣的無產黨員所面臨的不僅僅是反對資本主義不公義的分配型態，同時因爲日本政府有計畫地鼓勵各實業家至殖民地進行開發與發展，並從中干預，盡量不使其有過度競爭的情況發生，以至於壟斷之情事在殖民地的各行業中經常發生，上述劇場空間的經營就是一例。此外，隨著這種壟斷持續增加，臺灣民眾黨以及《臺灣民報》也就顯得格外不滿。以下是《臺灣民報》技巧性地批評了當時社會資本主義的不公不義：

　　　　豐原裕豐支店特約紅大春雪文的宣傳映寫電影於豐原座開映。第二

> 夜映寫《武松殺嫂》，辯士蕭天九說明西門慶是資本家，所以武松的
> 告訴，受金錢的魔力，難以勝訴等。受到群眾喝采，因此被命中止。
> 但受到群眾鼓舞，辯士又說，於是被送往郡衙，罰科料三圓。另，
> 裕豐支店主事陳木水也被罰三圓〔註33〕。

辯士蕭天九將西門慶比喻為資本家，而武松則代表普羅大眾，可以說辯士的角色被發揮的淋漓盡致。但是，臺灣文化協會於1927年分裂後，臺灣民眾黨成立，隔年，臺灣共產黨成立，繼之《臺灣民報》之後的《臺灣新民報》上的言論也益發左傾。

　　電影作為文協辯士的發聲媒介，在殖民時期抵抗殖民以及資本主義的不公不義。而辯士作為電影的翻譯者，說出了在殖民時期異於統治者的另類聲音，在具有強烈壓力的氛圍中帶出差異的言論。但，也必須注意的是，於解說進行的同時，透過美台團的辯士之口，任何的電影都可能成為反抗殖民以及資本主義的電影。由於文協辯士本身強烈的意識型態，可能突顯反抗殖民主義和資本主義的路徑，但卻也固著影像本身所含有的其他可能性。

　　倘若我們比較一下同時期的日籍辯士，這個傾向就更為清楚。如同前面所介紹的日籍辯士一樣，對其專注於電影本身的要求著墨甚多。昭和五年（1930年）一篇關於忍術映畫的文章中，作者批評了目前的解說者「常常亂七八糟的喋舌，不努力的辯士經常只是使用耍嘴皮的詞語而沒有實質的內容〔註34〕」。此類關於辯士的要求顯然與美台團相當不同，最明顯的莫過於對於電影劇情是否專注的部分。對於《臺灣新民報》來說，影片作為辯士解說的一種介入與開始，意即辯士透過自身對影片進行翻譯，其中最重要的是隨著此種翻譯形式而產生或攜帶出現的各種思想、意識形態與言論。原本從影片當中無法想像或看見的部分得以透過勾連或聯想生產出現，經過辯士對影像的翻譯，無論是刻意的營造或是無心插柳，都同樣生產出另一種不同於以往的觀看角度。原先可能被詮釋為異地探險或強調文明與野蠻二元對立的《北極探險》，如今成為反對帝國殖民的利器；強調婦女貞德的《武松殺嫂》透過台人辯士之口尖銳地批評了資本主義不公義的社會結構；本來可能只為了商

〔註33〕　〈雪文宣傳電影辯士被罰科料〉，《臺灣新民報》，第384期，昭和六年（1931年）十月三日。

〔註34〕　〈映畫漫筆〉，《演藝とキネマ》第三卷二號，臺灣演藝娛樂社發行，昭和五年（1930）十月號。

業原因或道德教化而拍攝的《母子親情》，在辯士的口中是台灣脫離日本帝國殖民最好的跳板。從這些美台團辯士的口頭翻譯中可清楚地得知其觀看角度與意圖。就如《臺灣新民報》所呈現的，辯士所到之處，經常有民眾爆滿的情況，不論是受到影片的吸引，或是廉價的觀賞價格甚至是辯士的滔滔雄辯，這些觀眾對於明顯超乎影片內容的解說也似乎有了已經架構好的認識基模來彼此接收，因此觀眾會在說明的「適當」或是「激動」之處鼓掌、叫好。辯士對於電影的詮釋工作，不僅在影片層次上是一種引介和介入的意味，同時也可能有放大或擴充意義的可能性。

第三節　電影評論

本事與筋書

　　早期電影經由辯士進行口頭上的劇情說明，二、三〇年代以來，電影文化在台灣有了長足的進展，電影常設館大量設置，組織電影俱樂部、出刊評論雜誌，讓電影慢慢地以文字的方式被紀錄下來。早期這些文字大多只是宣傳和通知，因此內容上只有放映的時間與地點。後來為了吸引觀眾，報紙上出現了影片內容介紹。電影常設館也在觀眾買票入場之前發給介紹劇情的宣傳紙，亦即電影的本事，描述影片故事梗概。這類隨著電影票發給觀眾的宣傳紙，早期只是影片劇情以及相關宣傳，但隨著大型電影常設館之間的競爭日益白熱化，後來這種宣傳紙也出現各種樣態，甚至還有專屬於該電影常設館的色彩與圖樣。

　　最早的電影宣傳，大多以簡單的字句強調影片的情節重點，例如，《無人島探》令人抱腹絕倒；《試探愛情》的夫婦愛，指示世間男子知婦人的價值。《母與其子》表現母子的愛情，令人難禁淚沾襟。《武勇》騎兵隊出沒於國境頗極勇壯。《北極的怪獸》看到北極的壯觀〔註35〕。以簡單的字句提點出影片內容以吸引觀客，經常加上能夠引起觀眾情緒的字眼，例如「抱腹絕倒」、「難禁淚沾襟」等等。值得注意的是，這些文字常將放映的影片提示為與社會教化相關，或者對啟迪民智有所助益。如上海電影《故都春夢》來台上映時，標題為「窺北京官界生活，妻妾的覺醒」；《野草閒花》則是「黃金萬能主義

〔註35〕〈文協活動寫真第二隊即將開演〉，《臺灣民報》第 124 號，大正十五年九月二十六日。

的批判，對於社會教化，對人類有所裨益」〔註36〕等等。不論強調引起觀眾情緒的本事，或是具有社會教化意涵的標題，其書寫手法都與當時《三六九小報》、《風月報》這些報紙上連載小說非常相像。當時在報章雜誌上的連載小說非常受到歡迎，如筆名為阿 Q 之弟所寫的《可愛的仇人》以及《靈肉之道》等等。因此，後來出現在這類漢文報紙上的電影宣傳也轉為報紙連載小說同樣的體例。以《三六九小報》最顯著，不定期的「銀幕春秋」專欄，相繼出現了影片《飛行大盜》本事、《荒江女俠》初集本事、《大俠復仇記》以及《愛人的血》本事等等，每部影片劇情以本事的方式被分為二至五集不等。內容上，傳統的說書氣息濃厚，譬如「欲知鐵頭金剛如何被人謀死，及大破韓家莊者請看二集」〔註37〕，這樣假借說書形式的語氣比比皆是。

　　雖然電影在二、三〇年代已有相當的勢力，然而，漢文的電影評論就如同文協放映隊所遭遇到的困難如初一徹，儘管 1929 年之後陸續出現了電影評論的相關雜誌，但漢文的電影介紹與批評仍然相當少見。一方面因為當時漢文的出版品管制較為嚴格，除了《三六九小報》、《風月報》、《臺灣民報》以及三大報上為了攏落傳統文人所增設的漢文欄之外，其他零星出版的雜誌經常出刊一、二期便夭折。另一方面，臺灣文化協會因應訴求上的需要，將放映地點鎖定在農村，而其他台灣的影片進口商則因為無法在都市城內與各大電影常設館競爭，選擇都市外圍進行放映工作，這些放映相較於城內有組織的大型電影常設館來說，都較不容易留下文字紀錄。因此，除了上述所說的宣傳紙與本事之外，我們只能從《臺灣民報》上尋找一些蛛絲馬跡。大約在昭和三年（1928 年）左右，《臺灣民報》上，也開始對一、二部影片書寫評論文章：

> 新竹市鄭作衡、李水俊、鄭維乞與上海海維影片公司黃琴生合股明
> 星公司，專門向中國輸入影片，第一回輸入影片已於警務局通過。
> 將於新竹座映寫，因為宣傳周到，人數很多。映寫蔣宋結婚，現場
> 熱烈，可見臺灣人對中國人物的敬慕。藝術上的價值姑且勿論，喚
> 起觀眾無我無中的心理狀態，可以證明是最適合臺灣人的娛樂機
> 關。但是如日本人的舊劇《忠臣藏》，臺灣人就覺得枯燥無味。足見

〔註36〕〈活動寫真開演を干涉〉，《臺灣新民報》，第 376 期，昭和六年八月八日。
〔註37〕〈銀幕春秋：荒江女俠初集本事（一）〉，《三六九小報》，昭和五年 1930 年 10
　　　　月 9 日。

民族心裡不同，對於趣味娛樂自然不能一樣，同化政策之不可行，
對於影戲的嗜好不同，也能充分說明〔註38〕。

從該篇電影評論看來，作者對於影片情節並不關切，重要的是，從上海輸入
的影片能夠「喚起觀眾無我無中的心理狀態，可以證明是最適合臺灣人的娛
樂機關」。對於影片的內容只提及是蔣宋結婚，之於影片的形式或其他的藝術
價值更是隻字未提。爲了突顯該中心思想，作者提出台灣人無法接受日本著
名影片《忠臣藏》〔註39〕爲對照，藉此並列劃分台人與日人爲兩種不同的民
族，證明同化政策之不可行。希望利用電影讓觀眾達到無我無中的心理狀態，
以致於明白台人與日人之間同化之不可能，同時也展現臺灣文化協會企圖透
過電影進行啓蒙與社會教育的決心。

圖 3-5　《忠臣藏》

出處：映畫史探訪
http://www5f.biglobe.ne.jp/~st_octopus/MOVIE/SILENT/22MAKINO.htm

---

〔註38〕〈中國影戲大盛況──蔣宋結婚的人氣〉，《臺灣民報》，第 208 期，昭和三年
　　　　（1928）五月十三日。
〔註39〕《忠臣藏》爲日本著名歌舞伎表演，後來多次改拍爲電影及電視劇。內容爲
　　　　十八世紀日本武士的復仇故事，之所以備受推崇，是因爲該劇中表現了日本
　　　　傳統武士道精神，還傳達了日本相當內在的關於禮儀與盡忠的精神。也因爲
　　　　如此，日本在二次大戰戰敗之後，《忠臣藏》被判定爲與軍國主義相關的作品
　　　　而遭到禁演。

　　即便有系統地推行電影放映的《臺灣民報》，內容中仔細地描寫影片敘事的文章也不多見，從鄭登山在昭和二年（1927 年）的一篇關於電影發展的文章中，就可以了解這種傾向：

> 臺灣絕海孤島對於現代文化很難直接接觸，唯有電影戲能讓我們和世界受同樣的洗禮。1925 年放映的《向東方之道》、《愚蠢之妻》、《諾脫爾達摩寺院的佝僂男》，1926 年的《亞細亞之光》都是世界佳片，因此影戲愛好者大增……內容上分爲人情劇、悲劇、喜劇……藝術技巧上分表現派、象徵派……其他還有教育影戲、體育影戲、衛生影戲、無線電話影戲、音聲影戲等學術影戲。效用除了拍攝海底、顯微鏡等科學片段，另外文化宣傳足以移風易俗……昇曙夢在《無產階級劇與映畫及音樂》的話說明資本主義與無產階級影戲之鬥爭，所以無產階級必須有自己的影戲。影戲而藝術，藝術而宣傳，宣傳而鬥爭。例如 Chiplin, Gish, Valentino 如果沒有影戲無法被認識產生共感〔註40〕。

這篇文章算是《臺灣民報》當中介紹電影最爲詳細的代表作，同時也最能夠說明《臺灣民報》看待電影的立場與角度。文中詳細地介紹了各種不同的電影器材與手法，讓讀者理解電影的製作原理。更重要的是，電影是進行宣傳與社會教化的最佳利器。如果從這樣的角度看來，我們也不難理解爲何《臺灣民報》描述電影的同時不斷地強調影片放映所能引起的觀眾情緒。不論是「無我無中」、「難禁淚沾襟」或是「捧腹絕倒」，這些情緒的描述所著重的是影片能夠帶給觀眾的共感，引發的共同情緒，卻不一定必須跟電影的場面調度、燈光配置等等相關連。重要的是一起看電影所表現出的情緒感召，而這也和臺灣文化協會所希冀的啓蒙與社會教育有著相當的關聯。

　　《臺灣民報》這種報導電影傾向，藉由影片主題牽引出社會教化的內容，或是透過電影放映旁及的事件與情境來襯托出民族的主題這類手法，其實非常鮮明地展現出電影之於社會教育的工具性存在。然而，電影的教化功能並非單單地存在於《臺灣民報》，電影作爲宣傳其實早在一、二〇年代便鋪天蓋地展開了，1937 年中日戰爭之後其指導民眾的特性則展現得更爲極致：

> 電影變成現代民眾化生活的一部份，民眾教化是電影的大任務。檢

〔註40〕鄭登山，〈新興藝術的電影戲〉，《臺灣民報》第 138 號，昭和二年一月二日，〈新興藝術的電影戲〉。

查映畫內容是否適合，對當局的檢閱來說是必要的。從國民教養的
角度出發，內容的優良與否與映畫生產者自發的責任感，與是否受
到民眾與商業的青睞，基於這兩點，一部好的映畫絕不是容易的事
情……而現代映畫所具有的使命就是對自我的批判提供相對應的資
料，映畫價值的主要決定條件為是否忠實且巧緻的描寫生活〔註41〕。

雖然電影必須顧及商業層次，但社會教育的層次更是重要，而映畫的檢查就
是因應該層面而生。本篇文章發表於 1938 年，中日戰爭開始之後，殖民政府
對各類出版、表演的檢查都更為緊縮，看待電影之於國民教養與教育的影響
也更加嚴謹。二、三〇年代的電影文化商業力量日益勃興，減低了電影作為宣
傳與社會教化的功能性，但戰爭爆發之後，其社會教化與教養功能則重新被
強調出來，這篇文章便是在這樣的情境下產生。

　　臺灣文化協會所強調的同化於文明與進步，藉由台灣與日本民眾喜愛的
電影相異，來證明同化於日本民族的不可能。透過電影的放映來啓迪民智，
藉著一起看電影所培養的共感共同邁向無產階級革命的路途。到了二〇年代末
期，臺灣文化協會已經開始面對近代文明與日本民族兩種不同的情感，日本
化不能就是文明化，倘若還是依循著向文明的日本看齊這種日本化的道路，
那麼就與臺灣文化協會對民族的強調相牴觸，同時也無法產生無產階級革命
所必須包含的階級衝突。對統治者來說，這種抵抗與劃分不啻是戳破了日本
殖民政府「一視同仁」的宣稱，且臺灣文化協會所提倡的帶著民族覺醒意圖
的文明與開化，也無疑地為殖民工作帶來許多阻礙。於是，隨著戰爭靠近，
日本殖民政府漸漸地以「國民教養」來取代過去的「文明進步」。無論臺灣文
化協會所期待的無產階級革命，或是日本殖民政府所計畫的皇民鍊成，在此
處都希冀透過電影造就國民的養成，一起看電影的團體活動其實合適於某種
共感的成形，不論是「無我無中」這種情緒的相呼應，或是「映畫生產者自
發的責任感」，都一再地引發自我成為群體一份子的強烈召喚。這種共感的的
凝聚不僅可以在中日戰爭後日本統治者的教化方針中展現，也同樣出現在臺
灣文化協會中振奮人心的激烈言論之中。臺灣文化協會為了反抗帝國殖民與
資本主義，所起用的是對台灣民眾社會教育之方案，企圖以一種自我教育的
手段，達成文明進步並且強化民族自覺，抵抗殖民統治。這種自我教化的手

〔註41〕FS 生，〈映畫を通じての民眾指導〉，《風月報》72 期，昭和十三年九月號下
　　　　卷。

段與日本殖民政府的國民教養之間衝突處處可見，臺灣文化協會透過電影巡迴放映隊和辯士透露出追求文明進步的強烈慾望，追求該近代文明的同時，與同化於日本民族之間所產生的悖論，以「臺灣毋寧是臺灣人自己的臺灣」為方針，突顯「台灣人的劇場」、「台灣人的集會空間」或是「民族趣味不同，因此娛樂自然不一」等等來追求地位上的平等，同時在民族上區別於日本殖民者，形成一種同/異的弔軌存在。

第四節　文化自清

驅逐歌仔戲

臺灣文化協會所寄託於影像的是共感的養成，相對於二、三○年代日本殖民政府與日本民族同化的認同感。這種與日本民族認同的對立並區隔台灣與日本兩端所產生的共感與團結，這種共感是以朝向先進文明作為起點，帶領台灣邁向進步，脫離落後的命運。但此間所關聯的問題卻不只是邁向文明的前進，同時是擺脫落後的焦慮感。首先，我們就臺灣文協看待歌仔戲的態度談起。

早期電影的放映地點除了先前介紹過的空地與臨時搭建的小木屋外，就是過去寺廟前專門演出歌仔戲的戲台，這些戲台可能是臨時搭建的，也可能是固定的，有些較有特色的戲棚則是地方豪族所有〔註42〕。電影剛剛在台灣放映時經常與歌仔戲、說書等等這些野台表演在同樣的場所公開放映。其中，臺灣文化協會所組成的電影巡迴放映隊到農村地方利用放映電影進行啟蒙工作，因此也經常使用這些歌仔戲的戲棚空間。就如之前已經談過的早期影片放映的確與說書、魔術、奇幻表演、日本演劇和後來的輕歌劇等等有很深的淵源，電影與歌仔戲之間也有著相當緊密的扣連。從遺留下來的資料可以知道，台灣的確有歌仔戲映演時將影片插入播放的紀錄，並且稱之為「連鎖戲」，甚至在中國上海，也不乏以歌仔戲為主題拍攝的影片，兩者互動非常頻繁。歌仔戲在台灣雖然常常在農村慶典或廟會時舉辦大型的演出，受到台灣民眾熱烈的歡迎，但是，日本政府當局卻經常以不良風俗的名義進行取締，不准歌仔戲上演。然而，更令人好奇的是，臺灣文化協會也認為歌仔戲

〔註42〕葉龍彥，《光復前後高雄市的戲院與電影》，高雄市，高雄市文獻委員會，民國八十四年十月初版，頁1。

是低俗的娛樂而加以撻伐，並常在《臺灣民報》上批評歌仔戲這種不良的地方戲曲應該驅逐出台灣。報上所描述的理由大多是歌仔戲取材是昔日的故事，無法與時代並進，因此歌仔戲是落後的娛樂活動，或是使用的樂器很低級、調子很淫蕩，因此一般的男女聽了之後會被挑發邪情，或是演員人格卑劣等等〔註43〕，首先，先讓我們回到當時的文脈理解臺灣文化協會試圖理解其排擠歌仔戲的緣由。

大正十五年（1926年）《臺灣民報》一篇〈各地宜設娛樂機關〉文中除了要求充足的娛樂機關之外，還提出應該以高尚的娛樂機關來屏除傷風害俗的事情，並且將歌仔戲列為應當摒除的對象：

> 高尚且有益身心的娛樂機關才能摒除傷風害俗的事情。娛樂是使身
> 心復原的意思，凡舉體育、公園、演劇這些都是，但歌仔戲、弟子
> 戲則因為捐棄美德而不算是正當的娛樂〔註44〕。

歌仔戲和弟子戲在此處被明白地指出其捐棄美德的傾向，因此不算是民眾的正當娛樂，而臺灣文化協會所舉辦的各種讀報會、文化演講和電影映演正是為了排除這些低俗娛樂而生。然而，正是因為歌仔戲在當時是一種相當普及且受到民眾熱烈歡迎的娛樂，比起這裡所列舉的公園、演劇和體育可能更為一般民眾所接受，臺灣文化協會則是欲除之而後快，甚至將歌仔戲比喻為癆症患者散播病菌：

> 這種封建舊劇應該徹底消滅。倘若患有癆症的戲迷在街上唱戲迷
> 曲，妨害公眾衛生，在人道法律上不容。只好把他送入傳染病院，
> 注射七○七，把身上的病菌殺盡，倘若中毒以深，注射未能見效，
> 則把他活活燒死，或隔絕於深山，杜絕蔓延於其他人。倘使有人宣
> 傳戲迷主義，勸誘全台的青年和他一樣，說是善導，那麼我們就要
> 提出反抗〔註45〕。

這篇言論激昂地將戲迷比喻為癆症患者，應該被隔絕、治療甚至活活燒死，對於歌仔戲或弟子戲所代表的敗德應該全部捐棄。臺灣文化協會之所以對民間所流行的歌仔戲如此深惡痛絕，就來自於歌仔戲所代表的傳統與封建。除了從正文中尋找蛛絲馬跡，這篇慷慨激昂的言論所使用的比喻也許可以提供

〔註43〕〈歌仔戲怎樣要禁〉，《臺灣民報》第139號，昭和二年一月九日。
〔註44〕〈各地宜設娛樂機關〉，《臺灣民報》第125號，大正十五年十月三日。
〔註45〕〈癆症的戲迷子〉，《臺灣民報》第110號，大正十五年六月二十日。

一些註腳，從臺灣文化協會的觀點，消滅歌仔戲這種代表封建、敗德的細菌，是為了維護公眾的「衛生」。因此，要將歌仔戲這位癆症患者「送入傳染病院，注射七〇七」。這一連串關於衛生與疾病的比喻，透露了臺灣文化協會使用近代文明改造傳統，或甚至是藉由近代文明消滅、取代過去的封建傳統的意圖。

　　這種驅逐歌仔戲的強烈慾望，以及害怕其蔓延的恐懼促使著臺灣文化協會積極地開辦「高尚的」娛樂活動來抵制如同瘟疫一般燃燒開來的歌仔戲：

> 有志者以演講、映畫、音樂等企圖矯正社會風氣。例如臺灣民眾黨，臺灣農民組合、文化協會等，但面對這些團體當局卻極為嚴屬的取締，而面對不經濟的、無意義的不良演劇、歌仔戲卻散漫的取締，這難道不是愚民政策嗎？對於這些團體改正社會風氣應該樂觀其成，且對於歌仔戲應該嚴屬取締才是〔註46〕。

臺灣文化協會表明了必須以文化演講、映畫和音樂等等「高尚的」娛樂來矯正社會風氣，同時指責當局政府對於優良的娛樂文化活動極為嚴格，但取締歌仔戲方面卻不確實，足見臺灣文協對於歌仔戲的排斥感其實遠高於日本殖民政府。臺灣文協活動所舉辦的文化演講、讀報社以及電影放映活動多在農村，而歌仔戲也恰恰是農村民眾的主要休閒活動，包括廟會、祝壽、慶典等等諸如此類的喜慶都非請歌仔戲班來表演一番不可。然而，也正是因為歌仔戲受到民眾歡迎愛戴的程度相當熱烈，因此成為臺灣文化協會、臺灣民眾黨等台灣知識份子所打擊的對象。標榜為民喉舌的《臺灣民報》對民間廣受歡迎的歌仔戲如此敏感緊張，不只要加以滅絕，更指責日本殖民政府取締歌仔戲不積極，其實是傷害了台灣民眾，似乎其朝思暮想的文明台灣正在被代表著傳統與封建的歌仔戲所侵蝕著。其實，如果我們參照臺灣文化協會從1921年組織以來其文明進步的傾向就不難理解這些在《臺灣民報》上消滅傳統歌仔戲的強烈慾望。其實歌仔戲所對應的正是臺灣文化協會或是臺灣民眾黨欲除之而後快的落後過往，同時也是台灣邁向文明進步的絆腳石。

　　臺灣民眾黨是1927年臺灣文化協會分裂之後所延生的組織之一，1927年1月臺灣文化協會分裂為左右兩派，左派代表者有連溫卿、王敏川等人，標榜

〔註46〕〈良風美俗と不良演劇の取締〉，《臺灣民報》第 191 號，昭和三年（1928）一月十五日。

「實現大眾文化」爲新綱領。其中，新綱領的內容包括了：一、農村文化向
上。二、增進商工智識。三、涵養自治精神。四、獎勵青年求學。五、提倡
女權思想運動。六、改良婚姻制度。七、廢止吸食鴉片。八、打破迷信惡習。
九、普及衛生思想。十、獎勵守時。可以說臺灣文化協會在經歷了 1927 年的
分裂之後，其追求近代文明與進步的理想燃燒地更爲強烈，而歌仔戲在此處
就成了代表著昔日的迷信惡習，並將之投射成爲追求近代文明的沈重負擔，
彷彿徹底滅絕歌仔戲就是進入進步與光明的門票。臺灣文化協會自組織以
來，大力爭取娛樂教育機關，鼓吹智識與文化的提升與向上，種種操作我們
不難發現其中自我教化的強烈意圖。臺灣文化協會企圖以同化於近代文明爲
手段，脫離日本民族的統治，並且高舉「臺灣必須做爲臺灣人的臺灣」爲口
號，要求台灣人的教育娛樂機關，企圖清楚劃分同化於近代文明與同化於日
本民族。爲了成就其非等同於日本的共感團體的民族想像，對於混生於演藝
文化中的歌仔戲感覺到懊惱與憤恨，新興的電影媒體所替代的是由西方、日
本而來的文明與進步，可供發展社會教化與啓蒙。反之，歌仔戲則正是處在
感官刺激與阻礙團結向上之處，時時刻刻提醒著某種非文明進步的過去。對
於近代文明與團結一致的激烈嚮往到最後卻不得不邁向一種社會的重新改造
之路，捐棄迷信惡習、鋪張浪費、改良婚姻制度，透過近代文明之光的照耀，
歌仔戲被標點出其落後封建與之相參照，必須被徹底棄絕之後，才能將優良
高尚的影像，符合於近代文明的部分替代進來。

　　而這種自我教化與改造工作卻恰恰與日本殖民政府在台灣所實施的摒除
傳統惡習、宣導衛生觀念等等工作相吻合，在重新教育台灣民眾，移風易俗
的教化工作上，兩者無疑地結成了盟友。二者在究竟是同化於近代文明還是
同化於日本民族也在這一個癥結點上糾纏不清。爲了朝向一個新的生活，而
必須反省自身並且進行檢討的傾向，同時出現在中日戰爭後，如上述引用的
《風月報》報導。

> 電影變成現代民眾化生活的一部份，民眾教化是電影的大任務。
> 檢查映畫內容是否適合，對當局的檢閱來說是必要的。從國民教
> 養的角度出發，內容的優良與否與映畫生產者自發的責任感，與
> 是否受到民眾與商業的青睞，基於這兩點，一部好的映畫絕不是
> 容易的事情。過去探索台灣的題材，有兩部教育映畫《義人吳鳳》、
> 《芝山巖》。其中《義人吳鳳》是對外來介紹台灣島內的情形，對

> 內來說對台灣島民的精神指導頗有顯著的效果（受到一般民眾熱
> 烈的歡迎，放映時得到很大的成功），他同時具有社會教化上的裨
> 益的內容，以及放映時的實質利益兩方面的成功……一般現代人
> 的生活環境和脆弱的心理狀態，不一定能在客觀的情勢下進行自
> 我的矯正和批判。而現代映畫所具有的使命就是度自我的批判提
> 供相對應的資料〔註47〕。

中日戰爭爆發後，日本殖民政府更加積極地推動「國民教養」，並且在各方面加強社會教化，以期達到台灣地區「皇民鍊成」的目的。現代映畫不僅要對外介紹台灣島內情形，更要對內成為台灣島民的「精神指導」，文末也清楚說明現代映畫是要對「一般現代人的生活環境和脆弱的心理狀態」，提供「自我的矯正和批判」的資料。這種自我批判的態度不啻是對更高尚精神的慾望使然，從脆弱的心理狀態中邁向更具精神性的國民教養。而這也恰恰與臺灣文化協會對歌仔戲的捐棄，企圖通過自我否定的過程，朝向文明的台灣背後的邏輯相吻合。

　　事實上，電影從一〇年代公開映演與發展以來，在空間上就與歌仔戲、日本演劇等等戲劇表演活動互動頻繁，甚至還有彼此共生的關係。隨著空間的建制，電影文化也開始有一定的規模，脫離過去在空地、戲棚或混合戲院的空間，同時發展出各種電影的言說空間與管道。透過電影空間的逐步成形，與此相關的言說空間也逐漸展開，不僅僅是臺灣總督府藉由電影進行政策宣傳，與此相對的臺灣文化協會，也利用電影空間的討論翻轉出與民族、殖民甚至是資本主義等等相關的議題。隨著電影空間上獨立與文化上的發展，臺灣文協所建立的文明落後的參照體系使其近代化的慾望更為強烈。企圖消滅與排除歌仔戲這種代表著過往低俗落後的傳統戲曲，通過一〇年代由外移植而來的電影媒體取代過去歌仔戲所象徵的低下與非文明。臺灣文化協會對近代文明的渴望所導致的自我否定，恰恰與日本殖民政府所實施的「國民教養」相伴隨的自我批判有著相同的邏輯，而這也使得過去臺灣文化協會對同化於文明與同化於日本民族之間的清楚劃分頓時糾纏起來。

〔註47〕FS 生，〈映畫を通じての民眾指導〉，《風月報》72 期，昭和十三年（1938）九月號下卷。

改造大稻埕

　　日本內地電影製片業龐大的片產量以及日台兩地交通的開展，台灣映畫常設館的片源供需無虞，致使三〇年代後台灣的電影事業蒸蒸日上。雖然各家映畫常設館之間競爭激烈，但也在殖民政府的協調之下取得暫時的平衡。然而，影響電影事業的發展，所牽涉的不僅僅是供需平衡等商業考量，更重要的是政治與社會情勢。隨著日本內地政治情勢的緊張，包括政黨政治崩壞，日本扶植滿州國在國際上所引起的緊張關係，以及中日雙方劍拔弩張之勢都一再地影響日本殖民政府在台灣的施政。一般說來，台灣總督的派任，1895年至 1919 年殖民初期，各地都有一些武力的反抗運動，因此台灣總督的派任皆由武官擔任，是爲武官政治期。1919 年第一次世界大戰之後，社會經濟好轉，且受到西方民主風潮的影響，內地延長主義抬頭，台灣總督的派任開始由文官擔任，進入文官總督期。自始，台灣內部的民族運動也慢慢由武裝抗日轉爲文化及政治層面的社會運動，前述之臺灣文化協會便是在這段期成立的組織。1936 年中日十五年戰爭全面開始，日本的國際關係日益緊張，且侵略行動明朗化，才由軍方武官擔任台灣總督，稱之爲皇民化政策期。

　　1919 年內地延長主義抬頭之後，台灣島內的武裝抗日漸漸被文化和政治層面的抵抗所取代，臺灣文化協會因爲這股風潮在 1921 年集結起來。相對的，從此之後，所謂精神、文化等層面也漸漸在總督府的支配過程中被突顯出來〔註 48〕。隨著中日戰爭的日益逼近，除了軍事上的戒備以外，對文化和社會教化層面的檢查自然也沒有放鬆，1939 年之後，映畫進出口和放映都有了更細部的規定。這個時候所標榜的皇民化運動，不只是將殖民地台灣的民眾塑造爲爲天皇效忠的皇軍，或是在各地設置神社、拜揖所，推廣國語家庭等等。所謂的「皇民鍊成」其實更包括了國民內心的道德羞恥，消除不相容的性情、陋習和迷信，性格上的果敢前進，物質層面則包含著住宅的改善、廁所衛生的注重以及農業經營改善等等與日常生活息息相關的細部項

〔註48〕電影方面也是如此。三澤眞美惠，《殖民地下的銀幕——台灣總督府電影政策之研究 1895～1942》，前衛出版社，2001，頁 49。此處依據電影相關的統制法規之變遷，將之分類爲六個階段。第一階段，對於電影媒體沒有特定法規之時期；第二階段，1916 年有取締戲劇及活動寫眞之案件；第三階段，1926年活動寫眞檢查規則出現；第四階段，1933 年開始注意電影的進出口問題；第五階段，1939 年將活動寫眞檢查規則予以細部規定；第六階段，1942 年電影成爲國策宣傳的媒體。

目。戰爭的逼近以及皇民化運動的高張不只是口頭上的宣示，相反的，正是
這些細微的改造過程在民眾的日常生活中發酵，牽引著當時的人們逐步地成
為「皇民」、「國語家庭」甚至是「為天皇效忠的自願皇軍」。

　　如果我們回頭重新看待三○年代台北大稻埕地區映畫館的改造可能可以
稍稍對這股生活改造的力量有所理解。大稻埕地區所居住的多為本島人，相
較於日本所居住的城內地區有著落後、骯髒的印象，根據海野幸一於五○年代
的回憶中指出位於太平町的第三世界館的內容：

> 這間電影院在大稻埕，由於是位在本島人很多的地區的緣故，所以
> 是家特殊的電影院。這是幢外觀沒有任何裝飾而稍髒的水泥建築，
> 好像有二樓。樓下是泥巴地，坐位是長椅子，場內的照明黯淡。如
> 果不小心翼翼地坐下，則會碰到手擤鼻涕的污垢。街上賣的食物的
> 味道會飄入電影院內，有一種異樣的異國香氣飄蕩著，習慣後就不
> 覺得怎麼樣了。不過，瓜子殼、龍眼殼，香蕉皮，甘蔗渣則是台灣
> 特有的。散布著這些東西的館內，氣氛是很奇妙的。只是叫賣東西
> 的大聲叫賣聲，在放映開始後，一直到第二本快要放映時，仍在電
> 影院內徘徊不去，實在掃興〔註49〕。

泥巴地、長椅子與黯淡的燈光相對於褟褟米、椅子座席似乎訴說著大稻埕地
區映畫館的落後，鼻涕的污垢、瓜子殼、龍眼殼、香蕉皮和甘蔗渣也被稱之
為台灣戲院才有的骯髒，尤其是影響觀眾的叫賣聲和飄進電影院內的氣味不
斷地透露出大稻埕映畫館的暗淡。鼻涕的污垢、瓜子殼與龍眼殼是落後與骯
髒，也是光亮的大型電影常設館的對立面，更是皇民鍊成必須摒除的非文明。
在海野幸一眼中，本島人居住的大稻埕地區就像是台北城內藏污納垢的角
落，這裡的電影院既不是大型豪華的電影常設館，也非光鮮亮麗的約會場所，
而是與各種秩序、文明、先進相違背的場所。

〔註49〕海野幸一，〈昭和初期台北的電影院〉，《電影欣賞》第七十四期，1995 年 3
　　　　月。

圖 3-6　台北大稻埕

出處：國家圖書館臺灣記憶

http://memory.ncl.edu.tw/tm_cgi/hypage.cgi?HYPAGE=image_home.hpg

圖 3-7　高雄銀座街道

出處：國家圖書館臺灣記憶

http://memory.ncl.edu.tw/tm_cgi/hypage.cgi?HYPAGE=image_home.hpg

　　上面兩張圖片相較之下，高雄銀座街道不論在道路材質、林立的商店與行道樹都給予我們進步榮盛的光鮮景象，相對之下，大稻埕被描述的骯髒、落後則在這種進步/落後的線性文明觀的視野裡成為更應該改造的非文明地區，同時也是皇民化運動所極欲掃除的對象。如前所述，所謂的皇民鍊成不只通過軍事訓練或教育這些管道由上而下地展開，更徹底的皇民之心展現於民眾居住的空間、日常生活的物質層面，甚而是整個地區所展現的氛圍，引發一種自願朝向皇民之路邁進的慾望。作家張文環〔註 50〕曾於《台灣日日新報》上發表：

> 比起城內的電影院可說是天壤之別，這是因為觀眾層級與經營者的想法不同的關係吧。邊看電影邊嗑瓜子，嗑瓜子的人本身可能很舒服，可是對愛好電影，需要靜肅的人來說，那是令人氣憤的雜音，也是卑賤的。如果被人批評說他們是有如乞丐劣根性的行為，不知他們會怎麼回答呢？在內地的劇場或電影院，也有在院館內賣食品的地方，不過那都是在偏僻的地方才會有。而且很難得看到有人邊吃邊觀賞。在淺草一帶也常見，但是吃東西大都要等到休息時的十五分鐘或二十分鐘的時候，才會看到有人吃，而且大都是小孩子在吃。電影院裡的販賣店也就像是為哄騙小孩而存在的一般。然而在大稻埕是不管大人小孩都邊看邊吃東西，毫不考慮自己的行為會妨礙周圍——。作為島都的人民，針對這種事也不感到羞恥？〔註 51〕

這篇文章發表於中日戰爭開始後的 1938 年，張文環嚴厲地批評了大稻埕的電影院，並且與日本內地淺草地區並列，以電影院林立的淺草地區作為參照座標，拉出一條先進/落後的文明進程方向線，這條單向線性路徑就像是幼兒成長為大人的生長過程一樣自然，日本淺草的電影院只有小孩子吃東西，反觀大稻埕，不論大人小孩卻卻都吃得津津有味。「如果被人批評說她們是有如乞丐劣根性的行為，不知他們會怎麼回答呢？」，這裡的「被人批評」是被誰批評呢？實際上，我們看到張文環在此處就代替了這個（他）「人」的位置，聲

〔註 50〕作家張文環生於 1909 年，歿於 1978 年，嘉義縣梅山鄉人，是日治時期重要的小說家、雜誌編輯，著有作品〈夜猿〉、〈閹雞〉等等。

〔註 51〕張文環著，陳萬益編，《張文環全集卷六：隨筆集（一）》，台中縣立文化中心，2002。原載於《台灣日日新報》，1938 年 12 月 25 日至 27 日，陳千武譯。

厲俱下地批判了大稻埕電影院的「他們」。這個（他）人佔據了先進/落後文明方向線的先進之一端，將這種文明的視角與觀看自我內化而成為自身一部份的張文環，他可以隨時脫離本島人張文環的發聲位置，轉而成為那個佔據文明一端的（他）人。從這個（他）人的視野中，大稻埕必須進化成日本淺草，就如同稚子總有蛻變成大人的需要那樣自然。同時，因為這個發問的「他」的觀看與批評，大稻埕電影院的觀眾們必然要感覺到一種羞恥感，自願地站在「他」的觀看位置上，感覺到自我的卑賤可恥。

　　該篇文章在開頭就明言大稻埕與城內的電影院有著天壤之別的原因，「這是因為觀眾層級與經營者的想法不同的關係吧」，所謂的觀眾層級可能也與這個線性的文明進程相關。從天皇以降歐美各國到支那，從人種區分上下位階關係是三○年代逐漸被構成的概念，這個圖像不僅僅表達了人種的層級概念，將文明上的先進與落後發展為人種上的高尚與卑賤，而人種民族上的卑賤毋寧是天生的劣根性，是一種怎樣都無法擺脫的落後感。雖然張文環在這裡談到了「經營者的想法」是這種高尚/低賤之別的原因之一，就像電影評論者對於文化映畫所背負的責任那樣，電影院經營者也必須擔起邁向文明的重責大任，在這篇文章中我們仍然可以感覺到一種急迫，不論是戲院經營者或是任何本島人似乎都肩負著必須迎頭趕上的責任。但，即使大稻埕電影院在這條線性道路上拚命地追趕，這種因為與生俱來的落後而感覺到的羞恥感，始終深深地纏繞著當時的作家們：

> 有獅子頭、羊身；跟有獅身、羊首的二頭怪獸以加速度急馳過來，猛烈地衝擊成一團。我忍不住眼睛一閉，眼前立刻出現埃及的史芬克司（人面獅身獸）。二頭怪獸還沒有決勝負，倒出現了史芬克司，不由得讓我有些張惶失措。無意識地把湯匙送到嘴邊。我整個腦海裏都是史芬克司。為什麼會有史芬克司呢？曾經有個國王拿史芬克司出了一道謎：有兩隻動物合而為一，在不明底細的軀幹兩端各接著獅子頭跟羊頭——這指的是人嗎？〔註52〕

巫永福在 1933 年創作了這篇〈首與體〉，講述的是留學日本的青年，受到父母返鄉相親的催促，貫徹本身的意志與順從父母的內心衝突，這種掙扎與苦悶的心情其實很能說明當時台灣知識份子所遭遇的處境。「這是首與體的相反

〔註52〕 巫永福，沈萌華主編，《巫永福全集：小說卷Ⅱ》，傳神福音出版，1995 年。〈首與體〉首次發表於《福爾摩沙》創刊號，1933 年 7 月。

對立狀態。因爲自身的意願是留在帝都東京，但一封接一封的家書頻頻催他返鄉」。首與體之間的對立狀態所產生的焦慮感，恰恰與當時台灣知識份子追求文明的渴望相一致，拚命的將自身推向近代文明的圖像，然而，傳統的巨大身軀卻成爲沈重空礙的阻力。

　　相較於臺灣文化協會在二〇年代主張追求近代文明的振筆疾書，在三〇年代這些後來被稱之爲有「皇民作家」傾向的作家筆下，同化於近代文明其實參雜著些許的鬱悶與掙扎：

> 現在我們還是只能依賴著國語和在地的臺灣話，這兩種語言辛苦的
> 過生活，但是統治當局卻不能體驗我們的感受。不小心露出一句臺
> 灣話時，便會遭受到身旁內地人的輕視，這是一件悲哀的事。不能
> 自由自在的驅使國語，但卻又不能完全操弄自己的臺灣話。現在的
> 我們正是身陷在這種泥沼中而不能自拔的一群人〔註53〕。

作家周金波致力於追求日本化以及皇民化之餘，也不得不在國語（日本語）與台灣話的夾縫之間掙扎，甚至遭受到日本人的輕視。上述這些書寫都不斷地湧現一種無法與自身的父母、母語完全切離的苦痛。先姑且不論這種焦慮與痛苦是來自被迫作爲皇民的掙扎與矛盾，亦或對於日本殖民政府對於同化於近代文明與同化於日本民族之間的統合缺乏有效的自我意識。這種被自身的落後感追逐，且永遠無法擺脫的苦悶的確牽引了一種更爲強烈的使命感。張文環評論大稻埕電影院時所高聲急呼的羞恥感充分地展現了其自發之責任，帶領大稻埕電影院或整個台灣的提升。

　　落後感的焦慮及其所引發的強烈使命感不僅在報章雜誌上喊得震天價響，各種因不同目的而集結起來的團體組織也舉辦電影欣賞會或是電影研討會、座談會，1936 年映畫與演劇座談會當中，著名的台灣辯士詹天馬在討論發行業者與常設館主題時便發言提出：

> 我也同時希望能把大稻埕地區的台灣戲劇完全禁掉，當然中國電影也
> 要禁掉。用日本電影完全取而代之。……由於本島人人數眾多之故，
> 將來在內地人電影院經營策略上，勢必要考慮到本島人的存在，這麼
> 一來，倒是可以把大稻埕地區當成日本電影影迷培養地區〔註54〕。

〔註53〕中島利郎，黃英哲，《周金波日本語作品級》。本文取自陳培豐，《同化的同床異夢》，麥田出版社，2006 年當中的翻譯。
〔註54〕李道明、張昌彥計畫主持，《紀錄台灣：台灣紀錄片研究書目與文獻選集》，

詹天馬，著名的台灣人辯士，早年大力推動台灣新劇發展，同時亦致力輸入外國影片，組成影片進口公司大量進口歐美與上海電影，時至 1936 年，因為整個社會局勢以及各種壓力倍增，一步步驅使著詹天馬發表了上述的談話。對近代文明的激烈渴望和對本島的熱切情感導致詹天馬主動要求將本島人納入考量，進而將大稻埕地區當成日本電影影迷培養區，不惜禁掉相當受到台灣觀眾歡迎的台灣戲曲與中國電影。詹天馬所爭取的與其說是大稻埕地區的改造，不如說是台灣人作為日本電影影迷的精神上進化。從張文環、巫永福、周金波，以至於辯士詹天馬都流露出一股因為落後低下的壓迫感，強烈的壓力與焦慮促使他們不斷地嚮往精神的向上攀升，並且以日本作為慾望的對象，這種拉力不得不伴隨著一股將自身被視為骯髒卑劣的部分向外去除的推力。星名宏修在討論周金波的台灣文化觀時表示我們在強烈批判周金波之同時，應該不能遺忘他在歸台後寫的作品其中其實有對台灣社會或本土文化非常強烈的關愛〔註 55〕。而筆者企圖彰顯的是不僅是歸台之後，而恰恰就是在當時，包含周金波在內的這些作家與辯士其實正是在一種「我要更好、更進步、更文明」的背景下，發出了改造大稻埕、重塑台灣人影迷甚至是徹底皇民化的言論。

張文環與詹天馬對大稻埕地區、台灣戲曲與中國電影的仇視，令人想起了臺灣文化協會對歌仔戲激烈地掃除慾望。同樣的都以要求台灣的文明進步為始，臺灣文化協會透過區辨同化於近代文明來迴避同時同化於日本民族的路徑，企圖通過邁入文明開化的道路擺脫各種不平等與殖民的困境。臺灣文化協會在日本統治時代成了一股不可忽視的反抗力量，但，為了完成自我的進步，同時必須推離歌仔戲以及各種傳統陋習，進行自我的重新打造。這個邏輯剛好在三〇年代後期被稱之為有皇民傾向的作家及台灣夢聲詹天馬身上可以看見，用內化的眼光審視自身所帶來的緊張與壓迫感，逼促著更努力地朝向代表著乾淨、文明的圖像前進。並且將內心的壓力轉向對骯髒的大稻埕電影院、低俗的本島人觀眾，對此產生了強大的嫌惡感，藉由自我的切除與改造達到文明台灣的重生。

台北市：文化建設委員會，2000。原座談會刊登於《台灣公論》第二卷第九號，1936 年九月一日。

〔註 55〕星名宏修，〈「氣候と信仰と持病」──周金波の臺灣文化觀論〉，收入下村作次郎等編，《よみがえる臺灣文學》，東京：東方書店，1995，頁 433～451。

第四章　開合之間的隙縫：感官文化的熱力四射

第一節　早期放映的電影：從記錄到劇情

　　經過二、三十年的積累，台灣的電影文化逐漸開展了新興的版圖，不論是商業、電影評論與圍繞在周邊的文化活動都有了相當的動力。但是，電影作為十九世紀的新發明、新娛樂或新文化來說，不從當時國際間相互影響、流傳回頭重新整理當時發生在台灣的電影文化似乎會缺少了一個相當重要的視角。不但影片市場間彼此的較勁本身就涵括著一層權力關係，與此同時，國際間異文化的接觸更是併發了不可預料的文化現象，此處所要討論的便是二、三○年代影像所帶來的文藝間之滲透混生和新的感官刺激。

　　1895 年 12 月 28 日一次電影史上最著名的放映在法國巴黎的咖啡館誕生，這是盧米埃兄弟首次的公開電影放映活動，大約花二十五分鐘放映了十部短片，內容大多偏向生活紀實，例如《園丁灑水》（The Waterer Watered）、《火車進站》（The Arrival of A Train At The Station）等等。早期的影片除了拍攝日常生活瑣事和趣聞之外，也有表演、舞蹈和雜耍等娛樂性質較高的影片出現。過了不久，虛構的劇情片開始吸引觀眾，當時幾個主要製作電影的國家，法國、美國和英國都致力於劇情片的發展。電影剛剛出生的十年間以令人驚訝的速度萌生了相當出色的作品，譬如法國的梅禮葉（Georges Melies）所導演的《月球之旅》（A Trip to the Moon, 1902），描述一群科學家發明太空梭登上月球，卻被一群月球地下的怪物抓走，最後這群科學家脫險的科幻故

事；英國的史密斯（G.A.Smith）所拍攝的怪異喜劇《瑪麗珍的災難》（Mary Jane's Mishap, 1903）呈現廚房裡邋遢女傭的逗趣行徑；美國最具代表性的則是波特（Edwin S. Porter）所拍攝的《火車大劫案》（The Grand Train Robbery, 1903），頗具複雜性地使用了十三個鏡頭講述一群匪徒劫持火車的經過。這些影像作品作為商業經營迅速地在世界各地熱烈展開，並且取得相當好的映演成績。

圖 4-1 《月球之旅》

出處：電影寶庫 ent.sina.com.cn/m/2006-06-13/14311120966.html

圖 4-2 《火車大劫案》

出處：http://www.mtime.com/my/t193244/blog/614068/

1905 年之後，義大利的電影製作很快地趕上了英國，不但很早就有了放

映電影的專屬劇院，並開始製作片長十五分鐘左右的史詩片，導演吉奧凡尼・帕斯壯尼（Govanni Pastrone）製作了三卷之長的影片《特洛依城淪亡記》（The Fall of Troy, 1910）。直到世界第一次大戰開戰後，原本由法、美、英三國鼎立的局面才轉爲由法、義、美三個主要電影工業大國在國際舞台上角逐競爭。第一次世界大戰期間，早先是自由貿易的影片市場開始遭受到國界上的阻撓，加上戰爭時影片緊縮，當時幾個電影工業大國都受到了相當的影響。然而，不受戰火波及的美國電影工業卻成爲這次戰爭的獲利者，將拍攝的影片大量出口至片源短缺的幾個主要涉入戰爭的國家，頓時間美國成爲影片出口量最大的國家。一○年代美國電影工業的發展不只是出口數量大增，其進步同時也展現在日趨完備的片廠、明星制度上等等，影片拍攝造就了所謂好萊塢古典主義，這些都在整個二○年代急速地擴張。比較知名的有葛里菲斯（D.W. Griffith）拍攝的十二本長片《國家的誕生》（The Birth of a Nation, 1913）以及《忍無可忍》〔註1〕（Intolerance, 1916）；卓別林（Charlie Chaplin）導演的一系列喜劇片以及約翰・福特（John Ford）早期較爲低成本的西部片。美國電影工業在第一次世界大戰期間趁虛而入，不僅進入了各國的電影市場，同時壯大了自身的電影工業，其他的電影大國即使在戰後想要奪回原先的國際市場，但已經無法與美國相抗衡。

圖 4-3　《國家的誕生》

出處：inameless.spaces.live.com/blog/cns!53DBF5CBCD

〔註1〕葛里菲斯所拍攝的《忍無可忍》共有十四本長，大約三個半鐘頭。

　　話雖如此，歐洲各國爲了對抗美國好萊塢的日益擴張仍然展現了相當的活力，二○年代在法國、德國和俄國等都有不同於好萊塢古典主義的精彩演出。法國最爲著名的是印象派主義電影（French Impressionism），這類電影偏向討論優美的遐思以及心理的變化，因此經常使用幻想、回憶等等鏡頭來喚起觀眾情感，例如賈曼‧苣拉（Germain Dulac）導演的《碧妲夫人的微笑》（The Smiling Madame Beudet, 1923）。但，二○年代初期這些印象派主義導演面臨到商業與表現手法上無法取得平衡的難題，到了 1929 年，有聲電影逐漸被重視，印象派主義電影所需要的成本越來越大，終導致電影公司不堪負荷而逐漸隕落。當時的德國則是因爲納粹漸漸取得政治上的權力而促起了其電影工業的發展，甚至一度在規模、技術水平和世界影響力上僅次於美國好萊塢位居世界第二。德國電影的表現主義運動（German Expressionism）也在此時達到最高峰。德國表現主義起始於對十九世紀在繪畫和劇場一股寫實主義風潮的反抗，並以極度扭曲和戲劇化的表現方式來呈現內在的情緒。最具代表性的是《卡里加利博士的小屋》（The Cabinet of Dr. Caligari, 1920），相當程度地運用了劇場的技巧，以怪異、風格化的場景著名。最後，俄國也發展了後來持續影響世界的蒙太奇電影（Soviet Montage），二○年代的俄國正值紅色革命的時代，1921 年列寧及發表：「在所有的藝術之中，對我們來說，電影是最重要的」，確定了電影在這場革命當中宣傳和教育的地位。最具影響力的是艾森斯坦（Sergei Eisenstein）的《波坦金戰艦》（Battleship Potemkin, 1925）、《罷工》（Strike, 1925）等等。但是，帶領起革命風潮的蒙太奇電影卻在二○年代末被指控爲「形式主義」無法與農工兵大眾結合而慢慢式微。

　　二○年代也可以說是美國好萊塢急速擴張壯大的年代，電影工業很快地發展出一套商業體制促使大公司逐步地排擠與併吞小的電影公司，整個電影市場只剩下三大五小〔註 2〕的電影公司。片廠制度以及影片預算逐年增高，也就出現了二○年代初期所謂的龐大預算電影，如雷克斯‧英葛蘭（Rex Ingram）所執導的《天啓的四個騎士》（The Four Horsemen fo the Apocalypse, 1921）。其他影片類型也絲毫不遜色，例如全球知名的卓別林默片喜劇、約翰福特的西部片、以及受到德國表現主義影響之後所開啓的恐怖片類型。由於片廠、明星制度以及細密的分工、龐大預算，美國好萊塢開始到世界各地找來出色的導演進入好萊塢的拍片行列，成爲當時電影的出口最大國。

〔註 2〕 三大包括派拉蒙、駱氏（米高梅）以及第一國家電影公司。

圖 4-4　《卡里加里博士的小屋》

出處：故宮世界觀點影像展
www.npm.gov.tw/hotnews/filmfestival/content.html

圖 4-5　《吸血鬼》（F. W. Murnau, 1922）

出處：故宮世界觀點影像展
www.npm.gov.tw/hotnews/filmfestival/content.html

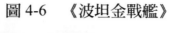

圖 4-6　《波坦金戰艦》

出處：故宮世界觀點影像展
www.npm.gov.tw/hotnews/filmfestival/content.html

圖 4-7　《城市之光》（Charlie Chaplin, 1931）

出處：故宮世界觀點影像展
www.npm.gov.tw/hotnews/filmfestival/content.html

　　現在，讓我們將視角轉回當時亞洲最具勢力的國家，也是台灣的殖民母國——日本。日本在明治維新之後，積極地接觸西歐事物。1904 年至 1905 年日俄戰爭的勝利更加確立了日本擠身強權國家的地位，於此同時，日本出現第一個製片廠。之後，第一次世界大戰開始，日益現代化的日本趁機提供歐洲戰場和整個亞洲大量的消費品，其中也包括電影影片。當時，美國的影片傾銷到世界各地，日本也同時是美國好萊塢影片的進口國家之一，但是，這與日本民眾對於日本電影的喜愛並不抵觸。相反的，當時製作的日本電影反而接收美國好萊塢電影所帶來的連戲原則、特寫鏡頭和反向鏡頭的剪輯方式，進而發展出自己獨特的特色。日本電影界最具勢力的公司是日本活動寫真（簡稱日活）以及 1920 年創立的松竹電影公司。兩家公司在二〇年代時已經都具有製作、發行和連鎖放映戲院規模體系，並且組成貿易協會發行電影雜誌，也就是日本最老牌的電影雜誌《電影旬報》，並藉此建立起電影工業的專業形象。

　　電影映演本來都在上演歌舞伎的混合戲院演出，因此，往往要與歌舞伎和其他表演競爭演出時間。到了 1923 年，關東大地震這一次天搖地動卻震出了為數相當的電影常設館，也就是影片放映專門場所，並且擴充了設備和規模，使日本的電影工業更加蓬勃。電影工業的結構完整、觀眾熱情的支持以及各大公司對娛樂事業的鉅額投資促使了日本每年有六百到八百部影片的驚人產量，並在 1928 年成為片產最多的國家，而這個盛況一直維持了十年之久。早期的日本電影受到戲劇的影響很深，因此時代劇成為當時電影的主要類型。時代劇指的是歷史電影，取材自歌舞伎的故事，內容大多與武術或是武士道相關的劍劇（ちゃんばら）電影。即使是描寫日本歷史的時代劇也受到美國好萊塢電影的影響，加強了劇中武打場面的動作與速度，例如小山內薰與春田稔的《路上的靈魂》便有強烈的美式剪接風格。除了古裝的時代劇之外，另一個主要類型則是現代劇，描寫當代生活的電影，受到十九世紀西方戲劇的新派劇場影響，通常是浪漫通俗劇或是家庭劇，例如阿部豐的《觸碰大腿的女人》是當時相當受歡迎的都市喜劇。除了在技巧上獲利於美國好萊塢的各種製作技巧，日本也開啟了一些有創意的嘗試，最著名的是衣笠貞之助的《瘋狂的一夜》，具有景深的構圖以及大膽的攝影角度和燈光在在表現其獨特風格。衣笠的影片通常攫取了來自西方的現代主義和前衛運動的元素，扭曲的攝影技巧和場面調度可以說和德國的表現主義有很深的淵源，其影像的實

驗性質與流暢度完全不亞於在歐美洶湧澎湃的各種電影運動，也足見當時電影在國際上流通之迅速。

圖 4-8　《瘋狂的一夜》

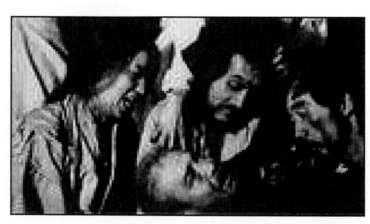

出處：nihon.eigajiten.com/kuruta.htm

面對產片量如此龐大的殖民母國──日本，台灣無可避免地成為其影片傾銷的地點，這也影響了台灣的製片業。日本統治台灣後至中日戰爭爆發之前，台灣的電影製片量可以說是屈指可數，寂寥的製片業也唯有日台合作的幾部影片或是日本電影公司在台灣製作的幾部作品。例如 1922 年日本松竹蒲田公司所拍攝的《大佛的瞳孔》有台灣人劉喜陽等人在片中擔任演員，到了 1925 年才由「臺灣電影研究會」合作拍攝了《誰之過》，後來去上海電影界發展的鄭超人也在片中演出，直到 1936 年為止不過十餘部影片。

稀少的影片製作在電影的映演市場當中宛如幾顆遙遠的星辰，發出微弱的光亮，唯有幾部影片獲得成功，但大多沒有大太的迴響。除此之外，在台灣製作放映的另一種影片，就是台灣總督府所製作或主導的宣傳片。事實上，電影的教化效果很早就被注意，早於 1914 年，台灣總督府文教局便購置電影攝影機，設立巡迴電影班，進行電影放映，並且由隸屬於台灣警察協會下的蕃地活動寫真班執行，通常以宣傳和教化影片為巡映的重點。1921 年台灣總督府計畫利用電影提升島民文化，社會教育課之宣傳股，每年要巡迴各鄉鎮放映宣傳影片，放映的時間大多為里民大會結束後，地點可能是晒穀場，影片也大多是政令和教育宣傳影片，偶爾也有卡通片。1936 年，新

竹市映畫協會成立發聲及無聲映畫班兩班,巡迴各郡放映軍事思想普及電影〔註3〕。同年,日本聯合艦隊巡航台灣,台灣日日新報特別從軍事普及部借出有聲影片,以社員編成發聲映畫班,在全島主要都市舉辦映畫會以普及軍事思想,該次放映的影片有《猿大魚》、《越海山》、《帝國海軍精銳》、《躍進海軍》、《此一戰》、《余水兵》、《海生命線》、《越赤道》〔註4〕。值得一提的是,即使二、三〇年代映畫常設館已經相當普及,但這樣游離於各地的放映隊,不論是深入農村放映電影的「美台團」或是日本官方的巡迴放映隊仍然活躍於市井之間,一直持續到1941年大東亞戰爭才結束〔註5〕。

　　相較起來,因為殖民體制的制限,台灣的製片業顯得了無生氣,也沒有留下令人眼睛一亮的實驗作品。但,也同時因為日本的介入,使得台灣的放映業偶然地與世界各國電影有了接軌的契機。當時在台灣相當受到歡迎的影片有一大部分是來自中國的上海電影,自1922年上海明星電影公司成立後,電影工業雖然沒有美國或日本從製作、發行到放映大規模系統的建立,但製片量也積極穩定地爬升上來,到了三〇年代,聯華、藝華、電通等電影公司相繼成立,製片量也到達前所未有的高峰。當時,最有系統地進口上海影片進入台灣的便是1921年成立的「臺灣文化協會」,然而,這並非巧合。二、三〇年代上海的電影拍製與左派人士有很深的關係,經常在影片中透露其左傾思想,這與蔣渭水與林獻堂等人在1921年創辦的「臺灣文化協會」有著些許的親近感。由於蔡培火所創辦的「美台團」電影巡迴放映隊主要針對的是不識字的農民大眾,由上海進口的影片不但讓台灣觀眾感到親切,而且影片中所攜帶的左傾思想也讓臺灣文化協會得以透過影片介紹給農民大眾。例如1926年進口的上海影片《愛情與黃金》描述資本主義與愛情兩者之間的衝突;1933年進口的《春蠶》述說辛苦養蠶的農家被地主戕害,血本無歸的狀況等等。上海影片的進口雖然以臺灣文化協會為主,但仍有其他零星的進口,例如1928年的廈門人柯子崎從啟明公司引入三部中國紀錄片《和平之神》、《復活的玫

〔註3〕　根據呂訴上的記載,放映影片為《大調兵式》、《第一十屆奧林匹克大會實況》、《忠吉歸來》、《小楠公及其母》:無聲影片《光輝大地》、《水戶黃門》、《曙光》、《二等兵》、《心的力量》。

〔註4〕　同註20,頁78。

〔註5〕　這裡指的是在各地學校或公會堂巡迴放映的宣傳影片,實際上五、六〇年代台灣還存在著在空地放映的蚊子電影院,但是隨著電影院逐漸的系統化與普及,蚊子電影院也成為歷史。

瑰》、《北伐完成》，並由新竹人吳鯨洋在台灣各地巡映〔註6〕。另外，也有少數台灣人主持的電影巡迴公司以進口歐美各國的影片為主，像是台中人王榮罐就進口了《羅克的冒險》、《名金》等等美國影片〔註7〕。

圖 4-9　昭和二年（1927 年）一月四日臺灣文化協會成員於台灣文化協會成立的活動寫真班前攝影留念，中為林獻堂。

出處：吳三連史料基金會 http://www.twcenter.org.tw/

然而，儘管上海電影受到台灣觀眾熱烈的歡迎，但是，以當時映演的影片看來，數量最多的無疑是由日商傾銷來台的時代劇與現代劇等電影。這些電影大多在混合戲院或是後來的電影常設館內放映，其他，還有來自美、德、義、英、俄、法等地的影片，供應台灣自二〇年代以來日益壯大的電影常設館。每逢春節或是秋天旺季，各大電影常設館都會爭相進口在日本內地受到廣泛歡迎的強片，作為電影常設館招賴觀客的主要方式之一。1936 年福岡——臺北的航線開通之後，日本內地的影片更是迅速且大量地進口到台灣，成為當

〔註6〕　呂訴上，《台灣電影戲劇史》，銀華出版部，中華民國 50 年九月。

〔註7〕　潘國正主編，潘國正、葉龍彥、張德南、黃鏡全撰稿，《風城影話：新竹市電影、戲院大事圖錄》，新竹市：竹市文化，民國八十五年，頁 58。

時映畫放映最主要的類型。當時進口的日片，不論是時代劇或是現代劇的日本電影，都受到歌舞伎以及其他日本演劇相當深刻的影響，直到第一次世界大戰之前，無論時代劇或是深受西方戲劇影響的現代劇，影片中的女主角都由男性擔任，足見電影與日本演劇深厚的淵源。日本電影與日本演劇之間複雜糾纏的關聯，也可以在當時在台灣的評論略知一二。

第二節　連鎖劇、演劇與電影

演劇與電影之間有著更深的淵源，早期電影藉著演劇、歌仔戲和各類表演在空間的互相借取或競爭，內容上也有彼此混生的狀況。二〇年代左右，曾經一度流行著「連鎖劇」，如前所述，連鎖劇原先是指歌仔戲在野台表演時，在表演中穿插與劇情相關的電影片段。初期的電影與其他表演也相繼產生了連鎖效應，昭和四年（1929 年）年底，台北共樂座有邀請日本著名的連鎖劇劇團「伊藤浪之助一派」來台表演的紀錄。

> 伊藤浪之助一派的連鎖劇是現在所有的連鎖劇團當中相當優秀的
> 劇團，成員目前有四十數名之多。而與演劇共同映演的影片一次
> 大概兩千呎乃至於三千呎之多。大約是實演一半、映畫一半的程
> 度〔註8〕。

根據《演藝とキネマ》所留下來的映演記錄，預定上映的戲目包括社會劇《浪花小唄》、新派連鎖劇《磯に咲く花》、時代劇《源氏車新五郎》、新派連鎖花柳情話《愛の爲に》、時代劇《俠血錄》、新派連鎖《江戶鹿の子》等等。連鎖劇則大多與新劇合演，日本的近代劇大約創立於明治維新初期，早先是由歌舞伎改良而成的新派劇，而新派劇大多由流行小說改編而成。自坪內消遙與早稻田大學的學生們組成文藝協會，並創立演藝學校之後也開始上演從西方翻譯而來的小說，如莎士比亞、易卜生等等。這對日本的戲劇創作起了很大的影響，1913 年一度形成了所謂的新劇風潮。這股具有嶄新力量的新劇，在電影發展至一定程度之後很快的與之結合，並且在日本發展起來。然而，對台灣來說並沒有日本的新劇基礎，所以日本的演劇在台灣不太受到歡迎，雜誌上也經常出現日本演劇在台灣所呈現的衰頹狀況。因此，電影與日本新

〔註8〕 〈初春興行總まくり〉，《演藝とキネマ》第一卷五號，臺灣演藝娛樂社發行，昭和四年（1929）十二月號。

劇混合而成的「連鎖劇」通常只能在新春的時節，由日本內地邀請劇團來台演出，且由於後續的報導不多，由此推測其映演成績可能不甚理想。

　　漸漸地，改編自演劇的電影累積了相當的數量，同時也在不同的雜誌上頗受到注意，產生所謂忍術映畫、劍劇映畫或浪曲映畫。事實上，日本演劇在台灣並不受到歡迎，再加上傳統演劇表演的沒落，導致演劇的演員轉向映畫界發展，於是日本演劇的演員立即地成為演劇與電影之間的觸媒，將演劇的表演方法與思考帶向電影界。對演劇來說，不啻是一種復興或復活的方式，演劇表演以映畫的方式再度地受到注目〔註9〕。而映畫作為當代逐漸茁壯發展的文藝類別，透過不同的通路，台灣總督府、臺灣文化協會或是商業進口等，促使電影與種種其他文藝以不同的方式相遇，成為不同於其他文藝的表演、觀看與評論形式。昭和五年（1930年）帝キネ公司的映畫在台北芳乃館舉行試映會，招待新聞雜誌記者前往觀賞。一記者結束試片之後形容該片的女主角高津慶子的演技有著相當精采的地方，文中強調映畫中最重要的一方面即是喚起精神的變動，而女主角表演在抒情的地方也恰恰產生了相當的效果，強烈地震撼著觀者的心，至於配光方面也充分注意了整體的搭配〔註10〕。女主角的演技所牽連的身體感以及整體的配光的問題向來是日本演劇批評所注重的問題。整體看來，二〇年代對於電影的評點多坐落在演員的演技和肢體動作，甚至三〇年代早期也仍是如此，後來才慢慢加入監督手法、聲音與剪輯等等其他方面的批評。電影中演員的演技是否能引起觀眾共鳴，或是服裝的表現與舞台的配光，這些層面的注重應該是承接於日本演劇的影響。

電影：演劇的再生

　　當電影界觸碰了由日本演劇所帶來的種種傳統，演員的表演方法，服裝與配光的方式等，電影如何將之展現出來，並同時加以轉化再生呢？《臺灣演藝と樂界》於昭和十年（1935年）的報導，討論了本來被大眾輕蔑的浪曲如何透過電影以全新的面貌出現：

　　　　本來昭和六年（1931年）之時，全國有名無名的浪曲師父不過千餘

〔註9〕　宮島龍華生，〈松竹專屬愉快劇岡本五郎一行來る〉，《演藝とキネマ》第一卷三號，臺灣演藝娛樂社發行，昭和四年（1929）十月號。內文舉出數名演員，這些演員本來是新派劇演員，但後來往映畫演員發展。並於文末說明映畫是新派劇的復活時代，同時也是新派演員的復活時代。

〔註10〕　一記者，〈『何が彼女をそうさせたか』──試寫を觀て〉，《演藝とキネマ》第二卷三號，臺灣演藝娛樂社發行，昭和五年（1930）三、四月號。

> 名，因此浪曲有滅絕的憂慮。但是到了唱片時代與映畫時代，因爲
> 浪曲映畫開始製作，因此浪曲便再度復興，不但映演的成績很好，
> 同時，純浪曲也再度受到歡迎〔註11〕。

透過電影影像的呈現方式，使得原本面臨滅絕命運的浪曲以新的面目發光發熱，連帶地使得原先所謂的「純浪曲」也以新的方式被認識和看待。而這也同時意味著，浪曲表演豐富了電影影像的內容與型態，讓不同的演劇元素經由影像的雜揉而成就所謂的浪曲電影。

　　不只是浪曲，當時的電影因爲受日本演劇的影響而發展了更複雜多元的傾向和光影形式，二、三〇年代的劍劇、忍術映畫也開拓了不同的視野和類型。昭和四年（1929 年）忍術映畫和劍劇映畫的先驅牧野省三去世，九月份的《演藝とキネマ》便寫了這樣的文章悼念該名演員：

> 映畫界的巨星牧野省三氏六月上旬因爲心臟病去世，享年五十二
> 歲。牧野是映畫界的先驅，而且有很多著名俳優勢他的門下生：阪
> 東妻三郎、市川右太衛門、片岡千惠藏、嵐寬壽郎、月形龍之助等
> 人。牧野也是忍術映畫的創始，而且是近年來劍劇映畫的創始，並
> 在其他公司首先將歌舞伎劇映畫化並且促使國產的有聲電影能夠生
> 產，今後將由其子息正博、滿男氏接手其攝影所。日本映畫向海外
> 進出實現，即德意志映畫界與我國松竹映畫的合作實現，在松竹設
> 立柏林支社，並且向歐洲十七個國家提供的作品，第一回提供的作
> 品有鈴木傳明、龍田靜技主演的《海の勇者》；渡邊篤、田中絹代主
> 演的《陽氣な唄》；勝見庸太郎主演的《坂崎出羽守》，將適當的插
> 入外國字幕予以上映〔註12〕。

牧野省三生於 1878 年的京都，是日本最早的映畫監督，因此有「日本映畫之父」的稱號。一〇年代就開始拍攝由歌舞伎、義大夫和狂言表演的電影，同時也開拓了怪獸、忍術等神怪電影，當時這類的電影尚未成熟，也還沒有清楚的劇本。一九二〇年代之後，牧野省三不但開始拍攝大活公司和松竹キネマ公司的映畫，並於 1921 年從日活公司獨立出來，創立「牧野教育映畫製作所」。翌年，「牧野教育映畫製作所」改名爲「マキノ映畫」，於 1928 年

〔註11〕　〈浪曲復興時代〉，《臺灣演藝と樂界》第三卷第三號，昭和十年（1935 年）
　　　　　三月一日，臺灣藝術通信社發行。

〔註12〕　〈映畫界〉，《演藝とキネマ》第一卷二號，臺灣演藝娛樂社發行，昭和四年
　　　　　（1929）九月號。

拍攝《實錄忠臣藏》之後引退，於隔年因心臟病去世，是日本映畫界相當重
要的人物。該文指出牧野省三不但開創了忍術電影和劍術電影，進而將原來
的歌舞伎電影改拍爲有聲電影。牧野省三死後，由其子嗣接手攝影所，並且
向海外公開放映。

圖 4-10　日本映畫之父——牧野省三

出處：映畫史探訪
http://www5f.biglobe.ne.jp/~st_octopus/MOVIE/MOVIEINDEX.htm

　　日本映畫從一〇年代以來，從大量進口的美國影片以及其他各國的實驗影
片中學習對剪、連戲原則、以及特寫鏡頭，運用在忍術或劍術電影中，使得
武打動作的速度和場面調度更加流暢，也使日本當時的時代劇電影盛極一
時。再一次，我們看見經由這層層疊疊的影像轉換中，劍劇、忍術和歌舞伎
以嶄新的面目被認識，雜揉成忍術電影或劍劇電影的特殊樣態。另外，傳統
的歌舞伎，或是這裡所說的忍術與劍劇也爲電影帶來煥然一新的氣息，就如
同文末說明的，松竹將以劍劇電影與歐洲國家進行交流。日本傳統演劇、歌
舞伎、劍劇等等原本都需要對日本傳統表演文化有一定認識才能夠理解的藝

術，尤其對於外國人來說，除了語言上的隔閡，更有理解上的困難。此處，電影插入的外語字卡，以及各種影像語言的運用都開放了歌舞伎、劍劇這些傳統藝術所不易踏入的禁區，這也使得松竹映畫和德意志映畫界之間的溝通成為可能。

　　如果再將問題繼續深入，電影這個新興的光影藝術對日本傳統演劇的轉化是如何產生的？對於此，昭和四年（1929 年）一位道具師傅曾在雜誌上發表了文章討論相關的問題：

> 演劇能夠享受到很出色直接的表演，而現在的映畫卻沒有顏色也沒有道具，是否是非美術的呢？但，民眾卻朝向映畫而喜愛映畫，演劇卻被丟棄，究竟為何故呢？我個人認為跟映畫相比起來，演劇是較為厭倦與無聊吧！第一，尤其在各幕之間，這個時間特別地令人毫無興致。第二，轉換之間的協調不好，所以產生無聊或是不自然的感覺。雖然這種不自然隨著照明術的發達、暗轉法等有一些改善，卻仍未完全改進。映畫是現代智識所發產出來的東西，如果不懂得改進，那麼鑑賞能力很高的觀客，就不得不產生不滿了。另外，演劇這一方也不能繼續認為自己是高尚藝術而有階級概念，必須捨棄自尊心一致協力盡力改善演劇，致使互相在此處永久安住〔註13〕。

文中檢討演劇有直接、出色的表演，同時在服裝和顏色上都勝過電影但卻不受青睞。相反的，沒有顏色的黑白電影卻受到觀眾歡迎，這意味著透過將電影視為一個參照體系的過程，演劇開始回頭反思，重新審視自身。同時，我們也可以藉由這樣的檢討更清楚地看見傳統演劇匯入電影發展的過程，同時雙方又激起了什麼樣的浪花。文中將演劇不受歡迎的原因歸究於冗長的等待時間，電影則因為透過剪接，因此沒有冗長無聊的換幕時間。另外，燈光的配置方面也比電影較為不自然，無法讓觀眾感同身受。電影雖然在表演、服裝和配光方面承接了來自於日本演劇的種種影響，但並不是以一成不變的方式在影片中出現，而是透過一種截枝共生的方式，在共同的土壤中滋生。透過剪接方式，所以不需要像原本的演劇一般一次次地進行換幕的動作，開拓

〔註13〕　奈里男，〈一道具師から劇界の皆様へ〉，《演藝とキネマ》第一卷二號，臺灣演藝娛樂社發行，昭和四年（1929）九月號。

出更大的彈性和空間，讓演員在實際上無法做到的動作透過剪接來完成。沒有過去演劇在表演、配光上的規則，而是以電影的形式包含更豐富的內容物，因此不使觀眾覺得索然無味，反而更能貼近、喚起觀眾的情感。

　　另外，「演劇這一方也不能繼續認為自己是高尚藝術而有階級概念，必須捨棄自尊心一致協力盡力改善演劇」，從該雜誌的立場，文中透露了希望能在台灣建立一種所謂演劇的文藝圈，不但能夠建立藝文的管道。同時，對於在此處經營演劇事業以及電影事業的商人來說，也不會因為演劇與電影之間的競爭關係而蒙受損失。電影，這個興新的藝術形式，雖然不像日本演劇一樣具有深厚的發展歷史，但卻也沒有演劇一樣高尚藝術的傳統包袱。這也使得電影相較於演劇可以更不具有某種高尚藝術的驕傲姿態，更有可能承受各種複雜的、異質的表演型態、演員、燈光、監製、場面調度等等。然而，日本傳統演劇並不是電影文化發生的唯一土壤，其他的文藝也同樣地給予不斷發展的電影文化相當程度的滋養，最明顯的就是文學改編的電影。

第三節　小說的映畫化

　　二、三○年代許多經典或是流行的小說都被改拍成電影，因此，「小說的映畫化」在當時成為相當普遍的現象。然而，不論是將過去經典的文學或是現在流行的小說將之改拍為電影，將平面呈現的文字立體化成影像，究竟引發了何種新的文化現象和迴響？昭和十年（1935 年）於《臺灣演藝と樂界》上一篇名為〈映畫禮讚〉的文章中寫到：

> 近來的名作上映，不論是外國電影或者日本電影，都具有一般藝術
> 的價值，對於智識啟發的點要多盡心力，映畫可說是現代式的學問。
> 勸學生們觀覽優秀的映畫，例如斯托夫人（ストウ夫人〔註14〕）的
> 《湯姆叔叔的小屋》（アンクルトムスキヤビン）讀完之後利用一個
> 晚上的映畫理解難懂的作者精神，並使心情暢快〔註15〕。

小說映畫是另一種閱讀文學的方式，除了具有藝術價值，更有娛樂的效果，作者強調電影在教化上的用途，並希望透過電影進行民眾智識上的啟發。有別於當時某些反對學生進入電影常設館觀看電影的教育家們，作者希望當局

〔註14〕美國作家 Harriet Beecher Stowe, 1811-1896。
〔註15〕赤星義雄，〈映畫禮讚〉，《臺灣演藝と樂界》第三卷第二號，昭和十年（1935年）二月一日，臺灣藝術通信社發行。

能利用電影廣大的影響力，衡量利害得失並取其滋養的部分〔註16〕。例如學生對小說的閱讀之後，再觀賞該小說所改編而成的電影，便能理解原先無法理解的作者精神。意即，電影能夠將作者的精神以更為言簡意賅的方式用影像呈現出來，雖然在此處並未明言電影的何種特質更可以將原本難懂的作者精神清楚地表達出來，或者影像對於文字的詮釋是否是透過演員的表演而令人感到容易理解。但是，這裡所說的「作者精神」所指為何的確耐人尋味。

倘若我們從實際的映畫評論來觀察當時所拍攝的文學映畫，可能這個問題的輪廓會更加具體清楚。這篇《映畫生活》上的批評就從具體地討論小說《金色夜叉》的映畫化：

> 明治、大正期間文學，也是青年必讀經典尾崎紅葉的《金色夜叉》今日被搬上舞台，又被映畫化。將這個戀愛故事將之以近代化的解釋與林長二郎〔註17〕的現代劇出演的演技綜合來看就有一種特別的趣味。第一，就內容上，從明治、大正時期開始的資本主義經濟。而女主角宮所代表的就是這種經濟底下的女性，為什麼說是金色夜叉的金，就如同劇中的富山手上閃亮的鑽石，所以宮改嫁富山。根據時代的以及社會的來變動是原作的重點，而現在近代的解釋則變成貫一雖是無產黨的鬥士，但近代的衣著也可以說是全部失敗。宮乘坐自動車登場，瞄準的是電影所需要的新味，角色也是，監督也是如此。但是，新的服裝就需要新的肉體，林長二郎的現代劇演出，誇張的表情就非常不適合，而心理層次的表演看起來不知道為什麼而生，這樣沒有效果的表情好像沒有就不行一樣，這又是時代劇的俳優。時代劇的俳優對於現代劇的演出是最近的流行，但我覺得都失敗了，不論是容貌或是姿態是否有資格演出電影，以及以這樣演技的才能是否能出演現代劇都值得懷疑，但是電影公司為了觀客，

〔註16〕該篇文章當中，明顯的對話對象為反對學生進入電影常設館的人士，文中提及：「最近有些認真的教育家、宗教家認為從他們的口中說出是傷其人格，或是反對公然出入常設館的反對派。即使偶爾有優秀的映畫，但觀覽就感覺害怕，同時學校等在訓育上嚴禁出入活動寫真館的方針執行著。這麼說來，說到映畫就使人聯想到風俗壞亂，說到常設館就下斷定為不良少年少女的集會所，並視之為危險的程度。」

〔註17〕林長二郎本來是專門演出時代劇，也就是歷史劇的演員，但是在這部《金色夜叉》是屬於近代劇。本篇文章的重點即在於討論時代劇的演員在近代劇當中的表演會產生的衝突。

　　變態的去製作這樣的影片卻非常受歡迎〔註18〕。

文中說明了電影《金色夜叉》給予小說原著更爲近代化的詮釋，小說描述了明治時期日本社會中資本主義的發展過程，作者尾崎紅葉透過女主角宮對金錢與愛情之間的抉擇來描述當時社會所產生的衝突和矛盾。然而，於 1932年改拍成電影的《金色夜叉》〔註 19〕則給予了小說原先所沒有的「近代化的解釋」。首先是男主角貫一在電影當中成了無產黨的鬥士，這一點就饒富趣味。如果回到三〇年代的時空來審視這個無產黨鬥士角色意義的話就更值得深思。1930 年代初期，無產黨或共產黨在日本及台灣屬於相當敏感的字眼，其敏感的程度並不下於抗日或反對帝國主義這些具有激進與叛逆味道的詞語。

　　要仔細追究其歷史脈絡，就必須回到當時日本內地的政治氛圍以及所謂的左派運動與台灣的關係。日本早在 1925 年即成立「農民勞動黨」，但是一開始便以禁止結社的理由予以解散。1926 年，該黨將名稱改爲「勞動農民黨」，以換湯不換藥的方式躲避糾察繼續維持，最後成功地在 1928 年首次普選實施時獲得了八個席次。即使如此，之後的短短幾年間勞動農民黨所要面對的情勢卻非常嚴峻。早在 1925 年普選法公佈之前，既成政黨爲了防止新勢力的誕生公布了「治安維持法」，而這也是後來逮捕共產黨人士主要的法律依據。於 1928 年田中義一內閣期間，將最高徒刑十年提高爲死刑，並且特別把共產政黨提高了糾察的層級，將之列爲違反天皇制國體的組織。於是1928 年及 1929 這兩年，就相繼發生了三一五事件、四一六事件兩次大型的共產黨彈壓事件。之後，於 1931、1932 和 1933 三年之間大量檢舉無產階級份子，並於 1934 年強迫共產黨份子於牢獄中發表聲明，放棄自身過去的共產主義思想，也就是著名的「轉向」。倘若我們從這樣的歷史脈絡回頭來看待三〇年代無產黨人士所背負的意義，1932 年由小說改拍而成的電影《金色夜叉》，貫一無產黨鬥士的角色就更值得注意。文章內所說的「近代的解釋」更可能是透過一個虛構的角色，躲除被檢閱和注意的危險，訴說當時社會的一個重要側面。

〔註18〕 三木堯吉，〈「金色夜叉」を觀る〉《映畫生活》臺北シネマリーグ會報第一卷第 4 號（1932 年 5 月號）。

〔註19〕 事實上，從 1912 年開始，小說《金色夜叉》就多次改拍成電影，1932 完成的電影《金色夜叉》是由松竹キネマ蒲田撮影所所製作，男主角貫一由文中提及的林長二郎飾演，女主角宮則由田中涓代飾演。

　　而該篇評論發表於《映畫生活》，也就是臺北シネマリーグ映畫倶樂部的機關誌，文中明顯地點出男主角貫一被近代化的解釋爲無產黨鬥士。就不得不讓我們聯想到命運多舛的台灣共產組織，1927 年從臺灣文化協會分裂出來，並組織了「臺灣民眾黨」，隨即於 1928 年改爲「臺灣共產黨」，但 1931 年就立即遭到解散和逮捕。因此，回到這篇評論當中所說的「近代的解釋」，倘若該詞是根據時代以及社會的條件來變動，宛如小說《金色夜叉》透露了明治初期社會逐漸資本主義化的衝突一般，電影透過對小說的翻譯，可能更爲細緻地捕捉了三〇年代當時眞實的社會氛圍，更有可能是對前述所謂的作者精神進行再理解的過程。尾崎紅葉在小說《金色夜叉》當中，透過女主角宮對貫一和富山之間的抉擇來比喻當時情感與金錢之間所產生的衝突與矛盾，小說中強調的是明治時期以來，日本社會慢慢轉變爲資本主義社會所遭受的衝擊。原著在讀賣新聞上連載，並且受到民眾廣大愛戴的原因，正是作者捕捉到的是當時整個社會氣氛當中所無法被一語道破的面向。資本主義日漸高漲的時代，金錢日益重要，相對的，人情甚至愛情卻可以被出賣拿來與金錢相交換。那麼，電影再次翻拍小說也是如此，透過影像對小說的近代化解釋，更有可能與三〇年代當時眞實的社會氛圍擦身而過，嗅到當時無產黨鬥士身分所帶來的緊張感。不僅僅影像如此，之後所引發的電影評論對於影像的再詮釋，更可能明顯地提點出貫一無產黨鬥士的角色。但是在當時對共產黨或無產黨如此緊張的時空下，那樣明顯的角色設定與陳述如何可能？二、三〇年代電影文化已相當發展，電影評論體系也逐步建制化，逐漸從演技、服裝和配光等等，發展到監督、場面調度甚至是剪接層面的批評，也生產了電影文化不同於演劇或其他傳統戲曲的批評模式。模式的固定雖然可能意味著某些準則的成立，但是，我們也同樣看到透過電影評論體系的建制化，也可能使得說出貫一作爲無產階級鬥士的角色成爲可能，而不至於被檢閱力量所消滅。無產階級鬥士，一個在政治上可能引起軒然大波的名字，卻在影像與評論文字上換上新衣。臺北シネマリーグ所發刊的《映畫生活》算是當時在台日本人專門進行電影賞析的電影評論雜誌，這樣的社會位置，也容易讓人覺得是單純地描述電影的言論範圍之內，也就是說，藉由這種電影評論的建制化與專業化，貫一的角色，無產階級鬥士能夠重新嶄露頭角。

　　文中另一個相當有趣的地方是，該評論對專門演出歷史劇的林長二郎的演技多有責難，認爲時代劇的表情過於誇張，沒有效果的表演過多，以致於

讓觀眾感覺到莫明其妙。時代劇的演員無法符合電影的「新味」，這裡引申出來的另一個問題是，究竟什麼是電影的「新味」？就如同女主角宮乘坐汽車入場，它所代表的是更能貼近當時社會脈落和觀眾生活於其中的氣氛，就如同發生在觀眾左右的生活事件。而林長二郎的歷史劇表演方法承接自過去的歷史演劇，已經有固定的表演程序與傳統，恰恰就無法掌握當時大量的、變動的且具有彈性的生活情景，因此作者認為這樣的表演和身體展現無法翻譯出電影的「新味」。如同文中所說的「新的服裝就需要新的肉體」，近代的詮釋，對小說的重新翻譯不僅僅在角色、監督或服裝的層面，更要緊的必須讓觀眾感同身受，強調的是穿上近代服裝之後的演員身體所攜帶出來的真實感。這樣的真實感依靠的不僅僅是新的服裝與表演，更重要的是演員對於當時社會脈落的掌握和詮釋，並且使用自己的身體將之說出，而這也正是電影透過翻譯小說所能攜帶出且有別於小說的身體感覺。小說到電影，逐漸發展的電影文化積累各方而來的能量，藉由近代化的詮釋引發生活的真切感覺，並且透過身體將之攜帶出來，展現出有別於演劇、原著小說的不同光輝，映射出當時不同的痕跡。

重新拆解小說

上述討論的是小說被翻拍成電影之後所展現的各個層面，包括電影對小說所進行的新詮釋以及該詮釋所能捕捉的社會氛圍。同時，電影演員透過身體感所強調的部分，可能更是能夠稱之為作者精神或電影「新味」。此處，將要繼續追問的是實際上的細節問題，讓我們能更細緻地掌握小說與電影的交會。昭和九年（1934 年）發表於《映畫生活》的一篇評論有聲電影《彌次喜作》的文章這樣寫著：

> 《彌次喜作》是有名的江戶時代的大眾作者十返舍一九的原作，過去被改編成演劇，如今變成映畫。原作所具有的藝術價值與社會意義就不在此處說明，而現在要來討論《彌次喜作》變成有聲映畫之後的檢討。演劇與映畫雖然是同一個故事所改編，但是僅僅是演員的變更，用同樣的手法演出，使得觀眾的興趣感覺到被抹然是不爭的事實。過去，像是《金色夜叉》、《不如歸》這樣的映畫不少，而《彌次喜作》也是如此，這一點我覺得確實失敗了〔註20〕

〔註20〕東豐，〈「彌次喜多」盲評〉，《映畫生活》，臺北シネマリーグ機關誌昭和 9 年

文中強調演劇和電影雖然都是由同一個小說和故事改編而成的，但是倘若只是改變演員，而不在手法上進行調整的話，那麼將會使觀眾的興趣感覺被抹煞，並且指出過去由小說改編成演劇，然後成為電影的幾部影片都有這樣的缺點。作者表示電影不應該忠實於小說原著，也不應該忠實於演劇，而應該要展現電影媒體自身獨特的性質，因此，不能僅止於演員的變更，電影的手法才是重點，手法的全面翻新才能使觀眾獲得趣味，在情緒上有所滿足。

　　昭和九年（1934 年）一篇評論由小說改拍成的電影《カヴァルード》，文中認為該片即使在戀愛問題上，勇敢的主角也從中表現了戰爭的觀念，這是原作中無法讀到，而只能通過映畫看見〔註 21〕。在小說中只是背景的南阿戰爭，在電影的前半部則出現了向出征軍人送別的盛大場面，並且描寫了國民的興奮之情。此處，作者將電影不按照原作劇情的部分提出討論，並且大加讚揚該片是藉由男女之間的愛情對戰爭進行深刻的描寫。該篇評論是逢 1932 年日本在中國東北建立「滿州國」，滿州國的成立對日本來說亦是近代史上舉足輕重的大事，就在 1932 年成立滿州國之時，國際聯盟於同年十月提出不承認滿州國被納入所謂民族獨立運動後所成立的國家名單當中。當時的國際聯盟以承認日本在中國滿州的的權益為條件，要求日本自滿州國退兵，該案被稱為「撤退勸告案」，該案於國際聯盟表決時，以四十二票比一票，即日本是唯一反對票全案通過，於是日本代表松岡洋右提出抗議並且馬上退席。但是，此事傳回日本國內之後，松岡洋右受到民眾熱烈的歡迎，日本於 1933 年由關東軍進攻熱河。於是，1935 年，國際聯盟發表日本退出國際聯盟組織的聲明稿，日本也在國際間走向孤立。就是在這樣的背景下，滿州國所牽動的國際局勢在這篇評論中被牽涉進來，文中突顯了電影的戰爭場面，如果將之扣連上滿州事變，該事變後日本面臨了國家非常時期以及當時所承受的國際壓力。於是，戰爭場面的強調以及評論對國際局勢的描述雖然脫離小說原作或是作者原意，但卻在影像與評論上發酵擴大。電影對小說的重寫不只是將小說再次演出，而是通過這種重新演出牽引出新的情感，可能是面對戰爭的急躁，對國際局勢的不安和緊張或是壯大的戰事描述背後所隱含的一種恐慌或興奮，這些都在當時的電影文化中留下足跡。

---

　　4 月號，No. 18。

〔註21〕東豐，〈カヴアルケード雜感〉，《映畫生活》，臺北シネマリーグ機關誌昭和 9 年 10 月號。

　　電影雖說是改拍自小說，有著與原著小說相似的情節，但日後的命運卻顯著不同，這一點可能在日本的電影雜誌《キネマ旬報》上的談論會更爲清楚。早在昭和四年（1929 年），日本最老牌的電影雜誌之一《キネマ旬報》一篇名爲〈健康でない嬰兒〔註22〕〉的文章中便指出小說映畫化的方式：

　　　　映畫文化是文藝和演劇所分離出來的獨立踏出第一步的文化。現今有很多大眾文藝都映畫化，但是要考慮的是，這是映畫的本道嗎？小說做爲讀物，單單只是因爲受到好評就映畫化，是不是沒有考慮過直接成爲映畫的資格以及是否具備了相當的條件呢？……一旦變成映畫，不做爲映畫的創作是不行的。文藝作品的映畫化首先就是要對作品進行整體的理解，將小說之前的素材全部還原，根據電影劇本所需要的進行整理，並且參照原作。以這個方法的話，原作者的思想和原作的人物性格應該能夠不損傷吧。但是現在的文藝映畫，不消化素材，只是重視原作的事件，對於重要的作者的思想，人物的性格卻忘記了，所以根本不能忠實的表達。……「爲什麼不使用原文而翻譯成如此差勁的字幕呢？」，這樣的牢騷我也經常聽到，這就是原作者對於電影的誤解。小說的對話原本就跟戲曲不一樣，當然也會跟電影不一樣，因爲是不同的表現形式。字幕是和情景同樣重要的東西，而非只是補助而已，因此原文應該在字幕的使命下改變來適合於電影〔註23〕。

該篇文章指陳出電影對小說進行翻拍的同時必須採取的態度和方式，作者認爲小說一旦要成爲電影，那麼就必須成爲電影的創作，不能拘泥於小說對事件和情節的描寫，而必須徹底地將小說之前的素材還原，同時參照原作，將最重要的作者思想與人物性格展現出來，如此才能稱之爲忠實的表達。因此，電影對小說「忠實」的翻譯在這裡已經有了別開生面的意義，所謂忠實的翻譯，不是情節和故事的類似程度，而是必須是對作品的整體進行理解，將之拆解、消化並轉化爲電影的創作。這裡所謂的拆解、消化過程可能就是電影《金色夜叉》所謂的近代化解釋，它有可能更靠近所謂作者的精神，筆者將它理解爲一種時代的躍動感，透過影像中的光影變化，演員身體重演出逼眞

〔註22〕 該篇文章名爲〈不健康的嬰兒〉，指的是剛剛將小說改拍成電影的初期狀態。
〔註23〕 〈健康でない嬰兒〉，《電影旬報》第 317 號，昭和四年 1 月 1 日 P202。標題意思是改拍自小說的映畫，目前還是個不健康的嬰兒。

的生活情緒。利用電影這個新興的媒介作為另一種途徑，重新翻轉、詮釋小說中的人物性格、情節安排，並且經過拆解和消化，表面的事件上可能無法與小說相等，無法呈現一對一的等號關係。但是透過對小說整體的理解，用電影的方式，這種新的媒體可能捕捉到當時的另一個聲響，這種情緒和聲音可能是唯有通過電影才能被看到和理解到的，就像是《カヴァルード》這部電影的評論所說的一樣——原作中無法讀出，唯有通過電影才可能看見。

第四節　レヴュー文化：邊界的混淆

　　從上述電影對日本傳統演劇、小說文學的借用、轉化，可以發現電影文化發展至三〇年代似乎已經成為一種特殊文藝類別。雖然當時映畫常設館已在各大都市林立，放映活動頗為興盛，也發行了專門的映畫評論雜誌。但是，我們還是會在不同的文藝雜誌上見到各種型態的影片側寫，不僅僅在俳句、短歌或文學等文藝創作的雜誌，如《紅塵》、《曉鐘》、《臺灣藝術》、《臺灣藝術新報》等，也常在社會教化和教育的相關期刊上看見映畫短評，如《新臺灣》、《社會教育》等，更令人注目的是一些零星的社交舞雜誌《The Dance》、音樂雜誌《演藝と樂界》或是談論休閒喜好的《趣味の臺灣》中所出現的影評。不同文類的雜揉造就了三〇年代獨特的「レヴュー」文化，究竟「レヴュー」是什麼？二〇年代末至三〇年代的電影雜誌裡，不論是日本或是台灣，「レヴュー」是一個不斷出現的詞，並且經常與映畫、演劇、樂曲相伴隨，那麼「レヴュー」在當時究竟意味著什麼樣的狀態？日文字「レヴュー」是當時從法文翻譯過來的字眼，本來指的是「revue」，本指法國輕歌劇，這種輕歌劇在當初開始之時就是多種文藝和娛樂的結合，例如音樂、舞蹈、爵士等等。輕歌劇本來是十九世紀的娛樂鬧劇，後來在一〇年代到三〇年代逐步發展，從原來只是視覺上的震撼，到後來演變為諷刺當代的人物、文學或是時事。表演的方式大多非常活潑、俏皮，也容易結合當時新的科技來諷刺社會，另外，對於女性身體的裸露也引起相當的注意。實際上，輕歌劇和映畫之間觸碰絕非毫無脈絡可循，當時除了文學與演劇之外，另外有非常多樣的大眾娛樂都有其獨特的活潑樣態，電影也是其中之一。從當時雜誌的發行來看也是如此，雖然有相當數量的雜誌無法持續發刊，或是只維持了一、二期，但是在某個層面上來看，亦能推敲當時活潑複雜的大眾娛樂文化。例如在昭和八年（1933

年）創刊的《The Dance》在其創刊引言上這樣寫著：

> 本雜誌是從ダンスリーグ社還是俱樂部時代就開始籌畫的雜誌。主
> 要的空間是位於臺北西門町的羽衣會館，稱之為國際社交場，會場
> 中殖民地氣氛濃厚，去一回十五錢，會員的話，一回十二錢，一夜
> 十回一圓五十錢，便宜的價錢具有大眾性。跳舞本身有明朗性、音
> 律性、近代性等，是近代資本主義發展之必然，和咖啡館、酒吧、
> 電影（café、バー，映畫）一樣的存在理由〔註24〕。

從上述創刊引言可以略為感知當時大眾娛樂的多樣性，跳舞、爵士樂、咖啡
館、酒吧、映畫等等。相同的劇情被改拍為映畫，或許是很多映畫在具有某
些傾向和特徵之後都被稱之為輕歌劇映畫。昭和四年（1929 年）於台北共樂
座所映演的影片《ゴールデンバタフライ》，之前在檢閱上雖然遭遇到問題費
了一些時日，但是後來還是順利在台北上映：

> 在檢閱上產生問題的《ゴールデンバタフライ》（黃金の胡蝶）全部
> 八卷終於在今月中上映了。開始應用天然色，作為美麗的輕歌劇映
> 畫配上輕輕的快樂的影片，這個與其他演藝所結合的影片，今後將
> 成為映畫上映手續的範本了〔註25〕。

電影在三〇年代初進行了相當多的嘗試，與其他不同的文類進行碰撞，除了改
編文學、演劇、歌仔戲和各種劍劇之外，也嘗試將各種科技以電影的方式呈
現。立體電影、天然色電影或是嗅覺電影就是各種嘗試與碰撞的成果，雖然
這些科技電影因為種種的原因沒有辦法繼續沿用下來。但是當時的嘗試的確
賦予電影更多層次的樣態和豐富面貌。

　　回到二〇年代末三〇年代初當時輕歌劇的興起，不論是視覺印象上與科技
的結合或是女體大膽地裸露都在社會上引起陣陣波瀾。最明顯的莫過於日本
的「寶塚少女歌劇團」，1913 年的日本，小林一三成立了「寶塚唱歌隊」，翌
年改組為「寶塚少女歌劇團」並開始表演歌劇，受到很大的歡迎。至今很多
電影界、歌唱甚至政界的名人過去都出身於「寶塚少女歌劇團」。

〔註24〕〈映畫短信〉，《The Dance》創刊號，昭和八年（1933 年）七月號，ヒール、
　　　　ハウス　ダンスリーグ社發行。
〔註25〕〈臺北初秋の映畫陣〉，《演藝とキネマ》第一卷二號，臺灣演藝娛樂社發行，
　　　　昭和四年（1929）九月號。

圖 4-11 寶塚少女歌劇團演出《Paris Sette》（1930 年）

出處：維基百科 http://zh.wikipedia.org/wiki/%E5%AF%B6%E5%
A1%9A%E6%AD%8C%E5%8A%87%E5%9C%98

　　這張照片是 1930 年「寶塚少女歌劇團」演出《Paris Sette》時的情景，人數、場景和服裝以當年來說都是視覺上的震撼，即使是現在也可以稱得上是人數眾多的華麗表演。然而，我們不難發現，這樣的場景在三〇年代初期的電影當中也所在多有，此時，所謂的輕歌劇電影已經不像過去由固定的攝影機拍攝舞台上的表演。也不同於文學、演劇的映畫化是對同一個故事進行重新演繹，拆解之後以影像的方式展現。自從所謂的輕歌劇電影開始之後，電影往往只是汲取片段，或是視覺上的元素、傾向，甚至是感覺和氛圍上模仿。輕歌劇電影比起電影不同文類之間的借用，原作顯得更不容易被識別出來，取材自哪一部小說、歌劇在輕歌劇電影中已經成為無關緊要的問題。

　　也因此，輕歌劇電影是出自哪部著名的輕歌劇，或者在情節上有何相仿顯得不再重要。電影漸漸地無法和過去劍劇電影、忍術電影或時代劇、近代劇等等一樣在名稱上一一被指稱出來，或者一部電影因為什麼被稱之為輕歌劇電影，也由於界線上的混淆而無法被明確定義。由於輕歌劇電影對於「輕歌劇」定義的混淆，導致原來的「レヴュー」這個字也開始產生意義上的擺盪，它可能指歌劇、戲劇、電影、跳舞、爵士樂等等，後來也指向一種氛圍

或時代的氣氛。昭和十年（1935 年）刊載於《臺灣演藝と樂界》上的文章，
其篇名就名為所謂「レヴュー」時代，「レヴュー」也在此處被拿來為時代定
義：

> 所謂「レヴュー時代」到底是怎樣的時代呢？我也不太清楚，不
> 過綜合各種各樣的考慮來看看就能夠說是新的表演的時代這樣的
> 解釋吧。華麗的光影與快速的節奏、美女的嬌態，爵士的節奏，
> 痛快的非感覺（nonsense）和破格嶄新的舞步以這些為基調延生出
> 來的表演時代，應該說是可以代表レヴュー時代了……歌舞伎劇
> 的價值也是很偉大，新劇的使命也很重大，寄席也有存在的意義。
> 但是對我來說這樣的問題必須是與大眾一起的，我所希望的東西
> 是新鮮的表演。看寶塚的レヴュー、日活的劍劇レヴュー等東西
> 是很棒的喝采。藝術上的高踏主義者從這樣的眼鏡來看並且冷笑
> 說：「所謂レヴュー的時代」、「這是個沒有禮儀、低級的、無趣味
> 的時代」。當然以上的例子並非完全。藝術至上主義者高級的禮儀
> 正確，有趣的藝術超過過去的藝術，這些是不完全的表演的同好，
> 最明顯的例子就是活動寫眞。活動寫眞被那些講所謂高級的人所
> 污穢。然而現在已經有很大的勢力，同樣的遭到污穢的新的表演
> 今天也有很大的勢力。然而所謂的映畫常設館並非只有映畫，新
> 時代的表演也必須加入與映畫相同的對於眼睛、耳朵的美的饗
> 宴，參與這滿心的歡喜。然而所謂大歌劇、大演劇和藝術芝居等
> 活動的實狀是透過特殊階級的支持不然不能存在。遠離時代意
> 識，有力的表演絕對不會存在。新的表演種類很多，很多人都將
> 之進行很好的混同。先是第一的レヴュー是從法國開始興起的東
> 西，在酒場等時事諷刺的餘興的東西。今天的舞踏、獨唱、音樂、
> 喜劇等，全部都沒有劇本，所以可以看到一瀉千里地即興演出。
> 第二是ヴォードビル（在德義是ヴリエテ而在亞米利加是ヴァラ
> イティ），是西洋式的寄席。喜歌劇、寸劇等和レヴュー不同的地
> 方是，レヴュー是一個題目之下能夠全部匯集，而ヴォードビル
> 則是一個一個獨立被見到，而藝人的市場也是國際的倫敦、巴黎、
> 紐約、柏林。第三是喜歌劇是吸取歌劇的型式的喜劇。劇與音樂
> 的同調上來說並不嚴格，世間的流行歌大多從喜歌劇中延生出

來，美麗的舞蹈多出於對世界諷刺的時候，主題是有趣的歌和演
劇的演劇。日本也是就喜歌劇來說有很多的先驅者，且也有很多
的犧牲者，嘗試著レヴユー。那麼爲什麼日益的興盛起來呢？美
國開始彌補歐洲各國無聲映畫不足，音響映畫也出現於日本，在
日本發聲映畫應該是最強的流行了。愛映畫的人士喜愛新的表演
和速度是對新鮮味的最爲直接的反射，比起爲了少人數的知識階
級的芝居，人人都能夠十分的喜歡這些，這恐怕時代才能夠證明
〔註26〕。

「レヴユー」在此處指稱著新的表演，而新的表演卻可以寬廣的定義爲爵士
樂、跳舞、電影，也可以指華麗的光影、快速的節奏和美女的驕態等等感官
上的刺激。多種文類的混合在此時形成了所謂レヴユー的時代，如文中所述，
電影開始時被高級的演劇所排斥，與犯罪和墮落等污名結合在一起，最後卻
擁有了龐大的勢力。其原因歸根究底是因爲電影具有時代性，而作者相信所
謂的レヴユー，也就是各項新的表演也都能透過時代的檢視而擁有自己的勢
力。整篇文章所透透露出來的是一種三○年代初的時代感，喜愛新鮮的感覺，
而喜愛電影的人可能就是其中最好的代表。電影本身就是由光、影所構成，
透過光影轉化而產生的快速感覺、華麗場景或是任何感官上的刺激。即使含
有社會教化意義的影片也可能因爲女主角的身體表演而含有另一種感官的刺
激，正因此電影與レヴユー界線上模稜兩可，相互翻轉增生而成爲如同時代
一種新的感官文化，甚至是引發其他文類的新鮮感，社交舞、爵士樂、甚至
是賽馬等等。レヴユー指向一種快速的感覺、新鮮感，也可以說是感官上的
發展，同時也是當時的社會生活最直接的感受。

情慾的突顯

　　1929 年之後相繼出刊的各類電影刊物對於感覺與情慾的強調，從雜誌封
面可以很清楚地觀察出來，我將在此處列舉《演藝とキネマ》以及《映畫往
來》、《UTOPIA》的封面，從側面推敲這些雜誌的走向。首先，1929 年，《演
藝とキネマ》創刊號的封面已經有很強列的色彩配置。封面的圖片以人物爲
主，戲劇化的造型宛如戲劇中類似於觀音或是唐三藏之類的角色。人物頭上
留白的部分，像是日本演劇登台人物配戴的誇張羽毛，藍色與橘色作爲主要

〔註26〕赤星義雄，〈レヴユー時代とは〉，《臺灣演藝と樂界》第三卷第四號，昭和十
　　　　年（1935 年）四月一日，臺灣藝術通信社發行。

的視覺構成顯得相當鮮豔熱鬧。

圖 4-12 《演藝とキネマ》創刊號封面

出處：翻拍自《演藝とキネマ》（1929）

　　繼續看到《演藝とキネマ》第四號，也就是昭和四年（1929 年）十一月，
封面出現一位豐腴性感女性身體的剪影，色彩仍舊非常飽滿，以紅色、黃色、
橘色等暖色系為基調，剪影背後高聳密集的大樓表現出都會的熱鬧非凡。舞
動的女性身體以及身旁彈奏的樂士以黑色剪影表現，似乎更托顯出女性身體

包含的某種神秘誘人的色彩。

圖 4-13　《演藝とキネマ》1929 年 11 月封面

出處：翻拍自《演藝とキネマ》（1929）

　　時至昭和五年（1930 年）年九月號，其封面更富有動感，赤裸裸的女郎
們穿梭在五彩面具底下。五彩面具表示日本演劇等戲劇表演表演，又或者是
電影內主角的喜怒哀樂，白色透明感的女體穿梭其間，擺弄出各種姿態，以
圖像引領出一份性感、享樂的現代圖像，也勾勒出某種所謂代表著三〇年代的

情色風格。以擺弄女性身體作爲封面圖像的雜誌不只是《演藝とキネマ》，另一本由高雄映畫俱樂部所發刊的《映畫往來》，不僅以女性身體作爲封面的重點，更改由眞人攝影的照片來替代圖像繪製。下圖是昭和 12 年（1937 年）第五號的《映畫往來》，由四名歐美的外國女性穿著緊身上衣與短褲，於胸前各寫著 1、9、3、7 四個數字，恰恰標示出女性身體的線條，充滿情慾感，也藉由代表年份的數字，襯托出女性的胸部與大腿。這些封面透露出關於 1929 到 1937 年左右的時代風情，這段期間對情色感覺的強調與之後 1938 年左右的對於鄉愁、農村的抒情有著明顯的差異。

圖 4-14　《演藝とキネマ》1930 年 9 月封面

出處：翻拍自《演藝とキネマ》（1930）

圖 4-15　《映畫往來》1937 年封面

出處：翻拍自《映畫往來》（1937）

圖 4-16　《UTOPIA》封面

出處：《UTOPIA》（1938）

　　現代生活各種感官刺激所激發的情慾感，以及電影所混合的歌仔戲、舞蹈、音樂與文學都令觀眾感到更為快速的時代暈眩。因此，1930 年也被稱之為速度的年代，各種文藝的節奏都必須符合這樣的速度感。其中，最具標的性質的，就是之前提及的レヴュー文化所引發的快速節奏感，它綜合了輕歌劇、諷刺劇、音樂、舞蹈、以及整體的視覺效果等等：

昭和四年末，萬事都是以 1930 年代作為前提的急節奏的方式，感覺
到レヴュー的快速展開。不景氣已經很久了，因為發生了官吏的減
俸案，而現在感覺到好轉期的出現了。我反省了現在的演藝界，近
時新物上演產生了レヴュー，急速的節奏感的活動以摩登的姿態受
到大家的歡迎：爵士（ヂャス）、小唄、行進曲，舞蹈（タンス）也
加入了，是速度的時代。所以說昭和四年是節奏和速度的世界（テ
ンポでスピードの世界）的出現的時代。因此，映畫界的進步非常
顯著，日本影片的進出非常驚人，劍劇（ちゃんばら）受到歡迎之
外，有聲電影的輸入，受到了映畫界的大混戰。映畫解說者，映畫
音樂伴奏者恐怕無法生活了，因為文明的利器已經來襲。在台灣，
雖說沒有緊縮作祟但演藝界也還是無法興振，只有映畫界稍微有動
起來，特別是古矢正三郎的世界館系統躍進與振興，算是為寂靜的
昭和四年特別的紀錄。昭和四年算是新春的前衛戰，使得節奏與速
度調和的世界，可望未來在昭和五年結成果實〔註27〕。

因為現代急速的步調致使過去舊的行業無法繼續生存下去，一方面鼓吹節奏
與速度調和，另一方面對映畫說明者與樂士的淘汰感到些許遺憾，一則以喜
一則以憂的矛盾態度在現代生活中充分展現。文中所提經濟景氣的好轉，其
背景是二○年代末日本當地軍方勢力不斷增強，而入歲無法彌補軍事費用，因
此進行財政改革推行「減俸案」。減俸案的推出遭受到強力的反對，尤其當時
在台灣的日本人大多都是官吏身分被派遣來台，經濟上也顯得格外緊張。另
外，二○年代末年世界經濟大恐慌產生了不小的影響，演劇和電影都經歷了一
段蕭條的不景氣時期。但，三○年代開始，レヴュー文化的開展，以及經濟慢
慢恢復，社會氣氛有了顯著的改變。電影在其中透露了這個時代氛圍，蓄音
機或有聲電影的出現與蓬勃發展，就如同是對當時社會氣氛的另一種話語，
也是結束不景氣時期的前兆。尤其，新春時節各個映畫館開打的映畫戰，不
論在設備上、影片內容或是音樂、舞蹈都瀰漫著一股娛樂事業的新生氣息。

　　電影經由樂士的淘汰、蓄音機登場，有聲電影的製作等等轉化了當時的
節奏和氣氛。這邊要特別提出昭和四年（1929 年）這個有著強烈轉變氛圍的
年份，或許因為翌年就正式進入三○年代，新鮮和快速的氣氛在當時的電影雜

〔註27〕　〈急テンポでスピードの世界〉，《演藝とキネマ》第一卷五號，臺灣演藝娛
　　　　　樂社發行，昭和四年（1929）十二月號。

誌中相當明顯：

> 歲末總勘定的總檢討，從編輯室這邊就演藝、映畫界來進行檢討
> 看看。先是就總體的印象來考慮，時代的步伐於萬事非常有速度，
> 節奏不快的東西的話，觀客就無法被吸引而觀看。這樣的事情造
> 就了「映畫時代」、「常設館時代」的基礎，映畫界的黃金時代，
> 常設館全盛期，映畫容易上映。但是也是演劇興業師的受難時代，
> 興行地獄有這樣的詞出現，演藝界非常慘澹。無聲映畫與有聲電
> 影出現，無聲有聲電影的對立在台灣還沒有實現，代替有聲電影
> 的是擴聲蓄音器的移入，成為台灣最初的映畫常設館的騷動。這
> 使得映畫伴奏者樂士的失業，六十餘名遭受困頓，機械戰勝了人
> 類，這是今年映畫界特別記上的事情。再者，世界館體系的古矢
> 正三郎的大活躍，踏出了映畫界的第一步，因此映畫界有了長足
> 的進步。映畫界的興行代表著時代的變動，現在是急節奏的時代
> 來臨，高速度（ハイ・スピード）的時代。從受難時代希望光明
> 的未來，緊縮、不景氣已經徹底的離開，春天正是為飛躍做準備，
> 清水君的連鎖劇，石川新君歌舞伎，台南的真子君女優劇等等，
> 希望昭和五年的景氣好轉〔註28〕。

電影界快速的改變使得當時的人感覺到了時代的急速變動，但是在這篇 1929
年所寫的檢討中，彷彿也懷有一種危機感，倘若節奏與速度上無法趕上，或
是不夠快的話那麼就會遭受到淘汰。這種快速的時代也同時造就了當時所說
的「映畫時代」或「レヴュー時代」，並且以此種邏輯解釋當時演劇的沒落。
高速度的節奏與新鮮感形成了感官的刺激，同時也造成了樂士、解說員、無
聲電影的淘汰，彷彿現代生活的巨輪不停的往前奔跑，就在這種急速狂奔的
情況下也隨即出現一種與之相對的回應：

> 1930 年代是情慾感覺的年代，那麼到了 1931 呢？說來年的事情鬼
> 也會嘲笑我吧〔註29〕！世間的苦變成深，那麼會笑的事情變少，
> 因此要求要笑，帶來輕鬆的氣氛也是人之常情吧！進一步的要求不
> 感知（non sense）的東西。而我認為 1931 年是非感知的輕歌劇（non

〔註28〕吉鹿則行，〈昭和四年の演藝映畫界雜感：受難時代の興行師〉，《演藝とキネ
マ》第一卷五號，臺灣演藝娛樂社發行，昭和四年（1929）十二月號。
〔註29〕意思是未來的事情是怎麼說也說不準的。

sense revue）的時代，也就是說非感知（non sense）時代已經產生了〔註30〕。

充滿感官和快速變動的時代，人們的痛苦卻加深了，此處提出笑以及非感知（nonsense）來回應整個時代氛圍。不去感知並非無感知或者無法感知，而恰恰是一種拒絕，對於一種過度感官的抵抗，也是一種重新去感知狀態的表現。電影在三〇年代的快速發展當中，與レヴュー、音樂、舞蹈、文學之間彼此增生，電影所要求觀眾的就是去看、去感覺以及去聽，最後卻可能翻轉出與自身不相容的非感知。

　　近代文明所強調的努力、向上或快速進化引發了與之相伴而生的情慾感、頹廢與非感知，要求笑作為對積極努力、精神向上的的另一種抵抗方式，在1930、31這兩三年間與日益喧囂塵上的戰爭氛圍並行。雖然這種由氾濫的情慾感所延伸出來的對笑的要求以及對感官的暫時閉鎖，因為中日戰爭一觸即發而顯得更加彰顯。但，戰爭爆發之後的幾年間，不論是映畫、舞蹈或是其他文藝娛樂也因為立即地緊縮而不如三〇年代初期的盛況。但這些情慾感覺，甚至是其所觸發的非感知、乃至於感官的閉鎖或無來由的笑，都不斷地豐富了電影文化，使其繼續流動。

〔註30〕〈次はナンセンス時代出現か〉，《演藝とキネマ》第三卷四號，臺灣演藝娛樂社發行，昭和五年（1930）十二月號。

第五章　電影：時代刻痕的介面

想要憶起往事的人不該在原地不動
往事散落在遼闊的世界裡
必須到各地去旅行
把往事從隱蔽之處挖掘出來　——《笑忘書》

　　回顧本論文是從實質上的電影放映空間出發,從空間上討論電影映演的建制化過程。電影誕生於 1895 年,也恰恰是台灣進入日本殖民時代的一年。翌年,電影在日本公開映演且受到相當的歡迎,不久之後便由日本輾轉進入台灣。電影與殖民時期似乎有著一種不解之緣,電影作為一透過殖民政府而被介紹進來台灣的新媒體,本身立即地帶有殖民刻劃的痕跡。同時,電影進入台灣之後也隨即地被不同的社會團體作為發聲的媒介,台灣總督府、台灣文化協會、各個電影俱樂部等等都以電影作為傳達各種思想與文化的中介。隨著這些電影論述的發生,電影文化也隨之逐步建制化,從空地進入專門的映演場所,隨意的觀看轉為專心的觀賞,本事的劇情介紹擴大成為專業的電影評論。經由電影的中介使得原本在日治時期無法公開發聲的言論能藉此發聲,同時引發了內部不同的文化活動或是不同文類的相互借用,這也牽動不同言論的生產,甚至藉由其所觸發的論述翻轉其建制化途徑。本論文所要討論的即是透過二、三○年代的電影文本作為介面觀察一個時代的文化脈動。

　　在空間的表現上,電影的放映從廟埕、空地或是臨時搭建的小木屋,二○年代之後電影進入與日本演劇混合演出的小型劇場,直至片源穩定之後開始

設置固定的電影常設館。電影在台灣的移植與生長的這段期間，不論是在歌仔戲的戲棚或是在廟會市集，都與不同的活動在空間與內容上產生混合借用。與歌仔戲及日本演劇混生而成的「連鎖劇」，或是歌仔戲台上的活動舞台與布景都是這段相互混生期間的產物。日、台間交通的發展、日本內地片量大增、以及一〇年代台灣建造的日式木造劇場開始受到白蟻侵襲，種種因素促成了三〇年代大型電影常設館的興建。1923 年日本關東大地震之後所發展的歐式紅磚造建築應用在各大型電影常設館上，三層的鋼筋水泥與內部先進的設備都可以感覺到當時電影文化的繁盛。電影的觀看從開放性的街道、廟埕進入封閉的電影常設館，這也就意味著觀看電影從隨意瀏覽與走馬看花的活動過渡到必須遵守一定規章以及觀賞秩序的「看電影」儀式，買票、脫鞋、置物等等身體活動的細密分割，以及空間上吸煙室、電話室、咖啡休息室的設置都把專心的電影觀賞突顯出來。大型電影常設館的圍牆內各種守則與邊界將隨意觀看的路人培養成專心觀賞的觀眾，都會的敏銳神經也從細緻的空間與身體安排中慢慢地養成。電影作為日治時期的一種新的技術與媒介，就在其建制化的過程中，逐步地進行了第一次空間重組與觀眾的感覺配置。

從開放的空地走向封閉的電影常設館，電影所開啓的不只是實質映演空間的重新規劃與設置，同時也觸發了更多的評論與文字紀錄。這些文字與文化現象所攜帶的即是這個時代各種力量之間的協商、對話與競爭。從 1921 年成立的臺灣文化協會作為話頭談起，二、三〇年代電影常設館的空間設置其實背後牽涉了不同的權力運作，當時所興建的大型電影常設館全部集中在市區，也就是日本人聚集的地區，進出的也幾乎是日本觀眾。而臺灣文化協會所創辦的電影巡迴放映隊卻常常處於沒有空間可供映演的窘境，《臺灣民報》上於是經常呼籲殖民政府當局必須建設台灣人能夠集會觀賞的電影院，並同時藉此討論彰顯出內地人與本島人的區別，也就是日人與台人之間資源分配不平等的問題。臺灣文化協會對社會教化的重視背後所隱含的是一份對近代文明的渴望。企圖透過各種社會教化的手段啓蒙民眾，希望台灣藉由同化於近代文明而達到民族覺醒，以脫離日本殖民政府的統治。蔣渭水所謂的「台灣毋寧是台灣人的台灣」即是將同化於近代文明與同化於日本民族劃分出來，並且透過同化於近代文明，爭取受教權作為抵抗日本殖民的利器。1927年之後，臺灣文化協會分裂，出現了思想更為左傾的臺灣民眾黨，於是將映演空間的爭取轉向普羅階級與資本家之間的激烈鬥爭。日本自從 1905 年日俄

戰爭後便加緊台灣方面的殖產，以利日本國內財政，製糖產業就是積極開發的產業之一。在日本政府積極鼓勵與大量廉價收購台灣土地的情形之下，1920年代台灣的糖業已由日本公司三菱、三井以及藤山所壟斷，產量超過全台糖業的四分之三。由糖業開先鋒來台發展，日本殖民政府繼續鼓吹更多日本實業家來台發展各種事業，加上第一次世界大戰後，日本國內景氣大好，二、三〇年代很多日本企業都以巨額資金進入台灣。日本企業家鉅額投資的結果造成台灣的貧富差距日益嚴重，同時也使得殖民體制下資源分配不均的問題更爲惡化。1927 年之後對映演空間的爭取所抗議的不僅是日台人之間因爲殖民體制所遭遇的不平等待遇，同時更是日本殖民政府與資本家之間的共謀，以及資本主義在台灣所造成的壟斷與榨取。爭取劇場空間此時暴露出日本殖民政府所宣稱的「一視同仁」的虛妄，使得臺灣文化協會與總督府、劇場經營者之間的權力衝突與角力被暴露出來，更重要的是，於殖民時期不可談論、不可言說的部分也藉由電影常設館該空間的爭奪透露出來。

　　另一個當時相當特殊的文化活動是無聲電影的辯士，隨著各大電影常設館以及巡迴放映系統的建立，辯士成爲電影常設館或是美台團巡迴放映隊中的要角，也是電影放映過程中掌握氣氛、調整節奏最重要的角色，更是電影的詮釋者與翻譯者。臺灣文化協會電影巡迴放映隊及後來成軍的「美台團」透過至各個農村放映電影以宣揚理念，利用電影教育不識字的民眾以促其民族醒覺。雖然文協的放映行動與辯士的電影解說經常受到當局的阻饒。在法令上，1927 年總督府開始實施辯士考照許可制度，辯士的解說腳本也必須通過檢閱方能進行劇情解說。另一方面，電影放映的現場也有臨場的警察可以隨時對解說與放映提出警告或中止指令。但辯士仍然經常以社會教化的名義宣揚臺灣文化協會自身的理念，透過辯士之口，以迂迴繞路的方式另闢途徑說出在當時可能與日本殖民政府有尖銳衝突的思想。如透過《北極探險》的說明，辯士批評了英國強行佔領西藏，對於殖民時代來說，這似乎就是指桑罵槐，直指日本殖民政府對台灣的統治。或者利用電影《武松殺嫂》的劇情解說，將西門慶比喻爲資本家，武松則爲普羅大眾的代表，突顯兩者之間的對立關係，藉著辯士對電影的翻譯揭露出資本主義的掠奪。

　　由於日治時代在法令上的種種限制，使得這些思想無法被直接的發言，而辯士正是透過對電影的詮釋將各種可能與殖民政府不容的言論攜帶出來，因此可能擴大了劇情原本的意義，或是說，經由辯士的口頭翻譯，觀眾因此

有了從另一個視角觀看電影的可能性。如同昭和三年（1928 年）蔣宋結婚的影片在台灣放映受到相當的歡迎，被《臺灣民報》解釋為台灣與上海由於是相同的民族，因此上海影片能獲得迴響，而日本電影則無法引起台灣人的興趣，最後推論出同化政策的不可行。除了臺灣文化協會的辯士之外，二○年代末期之後，日人辯士在各大電影常設館的地位也日益重要，如同電影明星一樣有自我的特色，也可能有擅長解說的電影類型。當時對於日人辯士的普遍要求為不能脫離影片內容，胡亂扯開話題被認為是相當不專業的辯士特色。即使沈默也比瞎扯更為人容忍，其實更符合於大型電影常設館專心看電影的設計，辯士在旁邊的解說促使觀眾們透過影片的觀看而達到一種共同情緒，雖然文協辯士與各大電影常設館的日人辯士雙方各自有不同的解說方式，但是，不論激情昂揚地啓蒙與鼓吹，或是沈默有韻律地經營觀眾情緒，都使得共同的情感得以在漆黑的電影院內流動，相互感染。

　　事實上，電影從一○年代公開映演與發展以來，在空間上就與歌仔戲、日本演劇等等戲劇表演活動互動頻繁，甚至有彼此共生的關係。隨著空間的建制，電影文化也開始有一定的規模，脫離過去在空地、戲棚或混合戲院的空間，同時發展出各種關於電影的言說空間與管道。透過電影空間的逐步成形，文化上的論述空間也逐漸展開，不僅僅是臺灣總督府藉由電影進行政策宣傳，與此相對的臺灣文化協會，也利用電影空間的討論翻轉出與民族、殖民甚至是資本主義社會等等相關的議題。臺灣文化協會同時也企圖以同化於近代文明來抵抗殖民當局同化於日本民族的路徑，使得原本取徑於同化於日本民族而朝向近代文明的方式，在臺灣文化協會的論述中轉向以同化於近代文明來對抗日本民族。不論如何，這份對近代文明的渴望，使得一種進步/落後的文明直線觀悄然成立，並且產生強烈的落後感。在此種進步/落後的參照之下，歌仔戲成為自身落後、保守的投射，使得臺灣文化協會對歌仔戲產生強大的憎惡，欲除之而後快。而這種自我否定恰恰與中日戰爭後所提出現代映畫是要對「一般現代人的生活環境和脆弱的心理狀態」，提供「自我的矯正和批判」的資料有相似之處。這種自我批判的態度不啻是對更高尚精神的慾望使然，從脆弱的心理狀態邁向更具精神性的國民教養。

　　1937 年之後，日本殖民政府推行「皇民化運動」，所謂的「皇民鍊成」其實更包括了國民內心的道德羞恥，消除不相容的性情、陋習和迷信，性格上的果敢前進，物質層面則包含著住宅的改善、廁所衛生的注重以及農業經營

改善等等與日常生活息息相關的細部項目。戰爭的逼近以及皇民化運動的高張不只是口頭上的宣示，相反的，是這些細微的改造過程在民眾的日常生活中發酵，牽引著當時的人們逐步地成為「皇民」、「國語家庭」甚至是「為天皇效忠的自願皇軍」。這種態度在面對本島人聚集的大稻埕地區時，更突顯出大稻埕地區電影院內的污穢、味道。作家張文環便嚴厲地批評大稻埕地區的電影院，並將之與日本內地淺草地區的電影院相比較，透過兩相比較而自然產生的進步/落後概念，使得張文環以文明的「他」的觀點觀看大稻埕地區，因此更感到一股羞恥與卑賤。這種羞恥感其實呼應了作為本島人的焦慮與掙扎，此種焦慮促逼著強大的使命感，企圖通過徹底地改造，以及自我清理以達到完美文明的台灣。

　　要理解電影此一外來文化如何在台灣移植生長，就不得不回到當時放映的影片與國際情勢的層面進行推敲。自 1895 年法國與美國有了公開放映的紀錄之後，電影逐漸受到觀眾的歡迎，美國、法國和義大利的電影公司也很快地發展起來，有計畫且快速地將拍攝的影片傳播到世界各地。第一次世界大戰之後，歐陸受到戰火波及，法國和義大利在電影業的龍頭位置很快地被美國所取代，美國的片廠制度和連戲、對剪的影像技巧也乘勢而起，發展出一系列日後為各國觀眾所熟悉的電影語言。這套電影語言影響之大時至今日依然顯著，即使一次世界大戰之後，法國、義大利和德國企圖力挽狂瀾，發展出有別於美國好萊塢的影像語言，例如法國印象派電影、德國表現主義電影或義大利史詩電影等等，雖然對電影美學上有深遠的影響，但仍然在票房上不敵美國電影。

　　第一次世界大戰中獲利的不只是美國，還包括了明治維新後的新興國家日本。由於戰爭期間歐陸的生產減少，導致日本產業有機會介入原本的歐陸市場，國內經濟一片大好，提升了日本電影業的發展。最高峰的時刻甚至一年片產量高達六百至八百部作品的數量，這麼龐大的影片數量，隨著日台間交通的發展順勢地往台灣傾銷，間接地促成台灣放映業的發達。當時在台灣放映的影片，除了上海影片、臺灣總督府的宣傳片以及零星的日台合作的製片之外，最大量的仍然是從日本進口的影片。當時日本電影的製作不僅學習美國好萊塢的連戲、對話鏡頭，同時也吸取了德國、法國、義大利等電影工業國家的拍攝手法。在國內發展出時代劇影片和現代劇影片，內容上受到演劇、歌舞伎等表演活動很深的影響，另外也出現了電影和日本演劇混合的連

鎖劇。

　　戲劇和電影之間的親近性從電影剛剛引介進入台灣時就相當明顯，即使是映演空間也是如此。早期電影進入台灣時，也與歌仔戲參雜演出，是爲「連鎖劇」，受到相當的好評。後來，與日本演劇混合演出的「連鎖劇」也在台灣演出，雖然與日本演劇合併演出的「連鎖劇」在台灣不受到歡迎，但是電影也在此時接收了許多日本演劇的表演方式與批評方法。而這同時也促使後來忍術映畫、劍劇映畫、浪曲映畫等等的興盛。透過電影的介入與翻譯，使得當時在台灣幾乎面臨滅絕的浪曲獲得了復興，除了浪曲映畫受到歡迎之外，所謂的「純浪曲」也再度受到觀眾青睞。這也意味著，透過電影的翻譯，不僅催生了浪曲影畫的誕生，更使得原先的純浪曲重新被看待及被認識。除此之外，由於日本演劇改拍電影受到觀眾的歡迎，因此也開始出現反省日本演劇的言論。吸收了不同文藝的新興電影媒體此時成爲一個可供傳統日本演劇回頭反思自身的契機與起點，不論是在技術層面或是與觀眾的親近性，在當時都受到了相當的注意。

　　論及電影與其他藝文的互相混生，最爲普遍的莫過於「小說的映畫化」，也就是將過去的經典文學或是今日流行的小說改拍成電影。由於當時的電影正積極地透過自身的體制化擠身「第八藝術」，因此電影對於小說的翻譯，除了將文字轉譯爲影像，更重要的是小說的作者精神以及小說整體的呈現，而不僅止於故事情節的忠實展現。然而，透過這樣的翻譯所引發的問題是，什麼是作者精神及對小說的整體認識，或者，進一步的問題是，電影又是以什麼方法得以將之表現出來。筆者透過昭和七年（1932 年）所改拍的文學電影《金色夜叉》來重新審視這個問題，首先，在當時的電影評論中，1932 年的電影《金色夜叉》使得原著小說有了「近代的詮釋」與「新味」，透過演員的角色設置、服裝或是道具，更能夠捕捉到三○年代可能具有某些緊張的社會氛圍。事實上，原著小說《金色夜叉》描寫的是明治初年，整個日本社會漸漸朝向資本主義且金錢日益重要的社會景況，作者藉由女主角對愛情與金錢的抉擇來突顯這種衝突。原著小說眞切地捕捉了當時金錢與情感之間的緊張關係，而電影也必須透過不同的視角或電影配置掌握當時社會流動的社會氣氛，筆者認爲這即是當時電影評論所謂的作者精神，同時也是電影翻譯小說時所謂「近代的解釋」以及「新味」。

　　如果將此問題繼續推進，電影在實際層面上如何翻譯小說呢？從當時電

影評論中對某些電影的批評或許可以略知一二，而日本老牌的電影雜誌《キネマ旬報》的文章則毫不保留地清楚說明。文章標題以不健康的嬰兒來比喻小說映畫〔註1〕，認為改編自小說的映畫不應該只是拘泥於小說所描寫的事件與情節，而應該對小說作品進行整體的理解，將素材全部還原，消化素材，並參照原著將作品利用電影的方式表現出來。對於電影的這項翻譯工作重要的並非事情與情節，而是人物的性格與作者的思想，這才能夠算是忠實的翻譯。此處，所謂忠實的翻譯，並非指向一對一的等號成立，而是拆解與再認識、再理解的過程，通過電影的轉化與翻譯將小說內原本隱晦不明的部分彰顯出來，或是根據當時的社會脈落賦予新的時代意義。

　　二〇年代末年至三〇年代初期各種文藝相互混生的情況，以レヴュー最具代表性。レヴュー一詞來自法文的 revue，意指法國輕歌劇，經常與音樂、舞蹈等不同的文藝與娛樂結合。二〇年代末，レヴュー也開始被拍成電影，是為輕歌劇電影。所謂輕歌劇電影並沒有固定的形式，也非如同早期拍攝歌仔戲或者演劇一般，固定攝影機將之轉為影片形式而已，可能是對輕歌劇重新演譯，汲取片段，或甚至只是視覺上的元素或燈光、氛圍的轉化。也正是因為如此，所謂輕歌劇電影並無法指認出是翻譯自哪一部輕歌劇，原作成為無足輕重的部分，這導致了「レヴュー」這個字本身的意義也起了變化。原本意指法國輕歌劇的レヴュー，此時，可能指涉爵士樂、音樂、戲劇、電影等等各種藝文活動，以至於一種時代氣氛，三〇年代也因此被稱之為「レヴュー時代」。「レヴュー時代」所代表的即是一種新的表演，可能是電影快速的光影變化，或是爵士樂新鮮的節奏曲調。快速的節奏成了レヴュー時代的表徵，不論是眼睛、耳朵或身體都不斷經歷著感官的刺激，在逐漸建立起來的電影文化也因應這種氣氛而拓展了其界限，有聲電影、立體電影、天然色電影甚至是嗅覺電影都在此時一一嶄露頭角。電影的各種新表現與嘗試除了加入了這個快速的感官刺激的時代氛圍，也同時對此發展了不同的回聲，昭和五年（1930 年）的電影評論將 1931 年定義為非感知（non sense）的時代。因為太快速的節奏以及太多的感官刺激，通過電影的回應是一種非感知（non sense），這並非是無感知或是無法感知，而是一種對太多感知的抵抗，知道但是不去感覺。電影的出現原本就是引發觀眾去看、去聽，但是電影評論上卻對這樣的感官刺激予以反思，也就是說透過電影的轉化也可能產生與電影相牴觸的

〔註1〕　〈健康でない嬰兒〉，《電影旬報》第 317 號，昭和四年 1 月 1 日 P202。

「非電影的思考」。

　　二、三〇年代以來電影文化的生成不僅導致實質空間上的重新配置，觀眾的情感以及文化論述也按照某種秩序性的理路而展開另一層的空間向度。該論述空間的打開與收束其實緊貼著整個時代不同力量的運動方向，筆者除了希望仔細地描述出這種開合的力道之外，更希望能回頭檢視之前日治時期所謂抵抗與壓迫之間的曖昧性質。究竟什麼是擁有自主性的反抗過程？如果三澤眞美惠面對台灣殖民時期電影史的進路是屬於在殖民時期後對帝國暴力加壓裝置的反省，那麼，本論文所採取的角度則是重新回到這份拉扯之間所不可抹滅的現代性問題。電影，如同當時的一份現代性計畫，理性的空間建設，各種文字、組織的區隔劃分卻也延伸出另一個具有高度混雜性的層次，感官刺激的追求、無厘頭笑的非理性，或甚至是一種對現代性的反省向度。

　　本篇論文希望透過電影作爲一個介面，再度回頭審視二、三〇年代的時代脈動，不只是殖民的壓迫與被殖民的反抗這種悲情殖民史，也非高歌日本統治所帶來的近代文明。而是希望透過電影這一個由外移植進來的新興文化，從其不斷生成的過程，觀看電影文化所帶出的各種時代刻痕。然而，不可否認的電影即是隨著日本殖民的腳步而進入台灣，因此各種不同的社會團體，臺灣文化協會、臺灣總督府或是電影俱樂部等等，從來就不是在權力對等的狀況下看待、使用電影。而是各自帶著抗拒、掙扎、矛盾甚至苦痛的狀態下，相互協調、對峙，而電影文化也就是在這些對峙、對抗與協商之下日益壯大，匯聚各種不同的文藝、並且延伸不同的思潮，映照時代的流動。

參考書目

一、中文書籍

1. 八目信忠，楊一峰譯，〈電影狂，八十載，何基明訪談錄〉，《電影欣賞》12 卷，4 期（70 期），頁 52～83。

2. 三澤眞美惠，《殖民地下的「銀幕」：台灣總督府電影政策之研究 1895～1942》，前衛出版社，2001。

3. 小林勝著，李享文譯，李道明校定，〈日本統治末期台灣電影之狀況：台灣電影,的印象〉，《電影欣賞》雜誌 77 期（十三卷五期），1995 年 9 月，88～93 頁（出處：《電影旬報》昭和 17 年 5 月 1 日號）。

4. 王乃信等翻譯，《台灣社會運動史 1913～1936》，創造出版社，1989。

5. 王文玲，《日劇時期台灣電影活動之研究》，國立師範大學歷史研究所，1994 年。

6. 王偉等專文撰述，黃建業總編輯，《跨世紀台灣電影實錄 1898～2000》台北市：文建會出版，民國九十四年。

7. 井上重人，林享文譯，李道明校定，〈臺灣的電影教育〉，《電影欣賞》雜誌 94 期，1998 年 7 月（出處：《映畫教育》昭和 13 年 6 月號）。

8. 戈光宇整理，〈當神話從記憶出走時——電影《義人吳鳳》放映座談會〉，《電影欣賞》80 期，1996 年 3 月，63～68 頁。

9. 市川彩著、李享文譯，〈台灣電影事業發展史稿〉，《電影欣賞》65 期，1993 年 9 月，107～109 頁。

10. 呂紹理，《展示臺灣：權力、空間與殖民統治的形象表述》，麥田出版，2005。

11. 呂訴上，《台灣電影戲劇史》，銀華出版部，中華民國 50 年九月。

12. 李泳泉，《台灣電影閱覽》，玉山社，1998。

13. 李道明、張昌彥計畫主持，《記錄台灣：台灣紀錄片研究書目與文獻選集》，

台北市，文建會，2000 年 6 月。

14. 杜雲之，《中國電影史》，台北市：商務出版社，民國 61 年。

15. 李道明，〈台灣電影史第一章：1900 至 1915〉，《電影欣賞》雜誌 73 期（十三卷一期），1995 年 1 月，28～44 頁。

16. 李道明，〈新聞片與台灣〉，《電影欣賞》雜誌 73 期（十三卷一期），1995 年 1 月，104～111 頁。

17. 李道明策畫、校定，〈日治時期台灣紀錄片歷史資料彙編（一）〉，《電影欣賞》雜，誌 94 期（十六卷四期），1998 年 7 月，84～96 頁。

18. 李道明校定，〈高松豐治（次）郎略傳〉，《電影欣賞》雜誌 98 期（十七卷二期），1999 年 3 月，94～99 頁。

19. 李道明校定，〈高松豐次郎與日本勞工運動〉，《電影欣賞》雜誌 100 期（十七卷四期），1999 年 7 月，97～106 頁。

20. 李道明，〈電影是如何來到台灣的？〉，《電影欣賞》雜誌 73 期，1995 年 1 月，28 頁。

21. 李道明，〈電影是如何傳到中國的？〉，《電影欣賞》雜誌第三卷第四期，民國 74 年 7 月，3 頁。

22. 杉山靜夫著，李享文譯，〈台灣電影界一瞥〉，《電影欣賞》雜誌 77 期（十三卷五期），1995 年 9 月，98～100 頁（出處：《電影旬報》昭和 18 年 11 月 21 日號）。

23. 周慧玲，《表演中國：女明星表演文化視覺政治 1910～1945》，麥田出版，2004。

24. 周蕾，《婦女與中國現代性——東西之間閱讀記》，台北：麥田出版社，1995。

25. 周蕾著，孫紹誼譯，《原初的激情——視覺、性慾、民族誌與中國當代電影》，台北市：遠流出版社，2001。

26. 林田重雄，林享文譯，李道明校定，〈臺灣蕃地攝影片斷〉，《電影欣賞》雜誌 94 期，1998 年 7 月（出處：《映畫生活》昭和 11 年三月號）。

27. 林享文譯，李道明校定，〈完成記錄電影〉，《電影欣賞》雜誌 94 期，1998 年 7 月（出處：《臺灣愛國婦人新報》第 100 號，昭和 12 年 1 月 30 日）。

28. 林享文譯，李道明校定，〈臺灣愛國婦人會電影巡迴映演始末〉，《電影欣賞》雜，誌 94 期，1998 年 7 月（出處：大橋捨三郎編輯，《愛國婦人會臺灣本部沿革誌》昭和 16 年頁 137～145）。

29. 林德龍，〈台灣文化協會：開風氣之先的巡迴社會大學〉，《松風》10 期，民國 88 年 10 月，38～39 頁。

30. 林衡道，〈大正十年台北街頭好熱鬧〉，《電影風情》，聯經出版，民國 85 年 18 頁。

31. 林衡道，〈無聲電影有看頭〉，《電影風情》，聯經出版，民國 85 年 18 頁。

32. 海野幸一，李享文譯，李道明校定，〈昭和初期台北的電影院（上）〉，《電影欣賞》，雜誌 74 期（十三卷二期），1995 年 3 月，39～46 頁（連載於《大阪映畫教育》，月刊 1981 年 5 月至 1982 年 5 月號）。

33. 海野幸一，李享文譯，李道明校定，〈昭和初期台北的電影院（下）〉，《電影欣賞》，雜誌 75 期（十三卷三期），1995 年 5 月，44～57 頁（連載於《大阪映畫教育》，月刊 1981 年 5 月至 1982 年 5 月號）。

34. 黃仁，〈在中國影壇最有成就的台灣人〉，《電影欣賞》60 期，1997 年 11 月，104 頁。

35. 黃仁，《中國電影輸入台灣》，重修台灣省通誌藝術篇，1997 年台灣省文獻委員會編印。

36. 黃仁、王唯編著，《台灣電影百年史話》，中華影評人協會，2004。

37. 黃仁編，《何非光：圖文資料彙編選集》，電影資料館，2000。

38. 黃美娥，《重層現代性鏡像——日誌時代台灣傳統文人的文化視域與文學想像》，麥田出版社，2004。

39. 陳世慶，〈台灣電影事業〉，《台灣文獻》直字 17、18 期合刊，民國 60 年 6 月，44 頁。

40. 陳國富，〈台灣早期電影活動〉，《夏潮論壇》，1984 年 6 月號，98 頁。

41. 陳國富，〈殖民地文化活動另一章——訪日據時代台灣電影辯士林越峰〉，《文季》，21：7 民國 73 年 5 月，頁 22～27。

42. 陳飛寶，《台灣電影史話》，中國電影出版社，1988。

43. 張圍東，〈日據時代台灣報紙小史〉，《國立中央圖書館台灣分館刊》民國 88 年 3 月，頁 49～58。

44. 張圍東，〈日據時代台灣的雜誌小史〉，《國立中央圖書館台灣分館刊》7：2 民國，90 年 6 月，頁 66～75。

45. 張文環著，陳萬益主編，《張文環全集》，台中縣立文化中心，2002。

46. 楊逵著，彭小妍主編，《楊逵全集》，台北市，國立文化資產保存研究中心籌備處，1988～2001。

47. 葉肅科，《日落台北城：日治時代台北都市發展與台人日常生活 1895～1945》，自立晚報出版，1993。

48. 葉榮鐘，《日據下台灣大事年表》，台中市，晨星出版，2000。

49. 葉榮鐘，《林獻堂先生紀念集》，出版不詳，民國 49 年。

50. 葉榮鐘，《葉榮鐘日記》，台中市，晨星發行，台北市，知己出版社總行銷，2002。

51. 葉龍彥，《日治時期台灣電影史》，玉山社，1998。

52. 葉龍彥，《台灣老戲院：台灣の古映館》，台北縣新店市：遠足文化，民國九十三年。

53. 葉龍彥，《台灣戲院發展史》，新竹市立影像博物館，民國 90 年。

54. 葉龍彥，《光復前後高雄市的戲院與電影》，高雄市文獻委員會，民國八十四年。

55. 葉龍彥，《紅樓尋星夢——西門町的故事》，博揚文化出版，1999。

56. 葉龍彥，《新竹市戲院誌》，竹市文化，民國八十五年。

57. 葉龍彥，《新竹州電影史 1900～1995》，國家電影資料館，1996。

58. 葉龍彥，《臺北西門町電影史 1896～1997》，文建會出版，1997。

59. 葉龍彥，〈日治時代台灣紀錄片之歷史性分析〉，《台灣史研究》7 期，55～71 頁。

60. 葉龍彥，〈台灣的電影辯士〉，《台北文獻》，121：89.9。

61. 葉龍彥，〈台灣文化協會的電影隊——美台團〉，《台灣文獻》45 卷 4 期，民國 83 年 12 月 30 日，225 頁。

62. 葉龍彥，〈日治時代台灣紀錄片〉，《台灣史料研究》，吳三連台灣史料基金會，1996 年 50 頁。

63. 葉龍彥，〈台灣電影的先驅——何基明〉，《自立晚報》民國 82 年 9 月 19 日副刊。

64. 葉龍彥，〈台灣電影技術的先驅——何錂明〉，《工商時報》民國 83 年 9 月 25 日大社會版。

65. 葉龍彥，〈新竹市「國民大戲院」〉，《電影欣賞》75 期，1995 年 5 月，117～119 頁。

66. 森久著，李享文譯，李道明校定，〈台灣的電影政策〉，《電影欣賞》雜誌 77 期（十三卷五期），1995 年 9 月，94～97 頁。

67. 董振良，〈金門戲院誌〉，《電影欣賞》12 卷 4 期（70 期），頁 115～116。

68. 羅維明，〈「活動幻燈」與「台灣紹介活動寫真」〉，《電影欣賞》雜誌 65 期，1993 年 9 月。

69. 羅維明，〈日治台灣電影資料出土新況〉，《電影欣賞》雜誌 65 期，1993 年 9 月。

70. 潘國正主編，潘國正、葉龍彥、張德南、黃鏡全撰稿，《風城影話：新竹市電影、戲院大事圖錄》，新竹市：竹市文化，民國 85 年。

71. 日文書籍

72. 大橋捨三郎編輯，《愛國婦人會臺灣本部沿革誌》，愛國婦人會臺灣本部，1940。

73. 市川彩，《アジア映畫の創造及建設》，東京，國際映畫通信社出版部，1941。

74. 市川彩，《日本映畫事業總覽》，國際映畫通信社，1930。

75. 田村志津枝，《臺灣發見：映畫が描く〈未知の島〉》，東京，朝日新聞社，1997。

76. 田村志津枝，《はじめに映畫がぁった，植民地台灣と日本》東京，中央公論新社，2000。

77. 生蕃屋本店，《臺灣の事情寫眞帳》，昭和九年（1934）。

78. 成田武司，《臺北寫眞帖》，臺北：成田寫眞製作所，明治四十四年（1911）。

79. 池上清德，《始政四十週年紀念臺灣博覽會寫眞帳》，臺北：實業展望支社，昭和十年（1935）。

80. 高雄州映畫協會，《高雄州映畫教育概況》，高雄州映畫協會，大正 10 年。

81. 鳳山郡映畫協會，《鳳山郡映畫概況》，鳳山郡映畫協會，昭和 15 年。

82. 《台北州警察衛生展覽會寫眞帖》，台北州警務部，大正 15 年（1926）。

83. 《臺灣畫報》（第一號到第七號），臺灣繪畫社，昭和 12 年 6〜12 月。

84. 《愛國婦人會總裁臺灣御成紀念帖》，總裁御成紀念帖發行所，昭和 5 年（1930）。

85. 《カメラで見た臺灣》，日本旅行協會臺灣支部出版，1937。

86. 洪雅文，《日本植民地支配下の台灣映畫界に關する考察》，東京：早稻田大學戲，劇研究所修士論文，1997。

二、英文書籍

1. Abe Markus Nornes, Abe Mark Nornes, Markus Nornes, *Japanese Documentary Film: The Meiji Era Through Hiroshima*, University of Minnesota Press, 2003.

2. Joseph L. Anderson and Donald Richie, *The Janpanese Film*, Grove Press, 1960.

3. Michel Foucault. *Discipline and punish : the birth of the prison,* translated from the French by Alan Sheridan，New York : Pantheon Books, 1977.

4. Naoki Sakai, *Translation and Subjectivity: On "Japan" and Cultural Nationalism*, University of Minnesota Press, Minneapolis London. 1997.

5. Peter B. High, *The Imperial Screen: Japanese Film Culture in the Fifteen Years' War, 1931-1945*, University of Wisconsin Press, 2003.

6. Pratt, Mary Louise, *Imperial Eyes: Travel Writing and transculturation*, London, New York, Routledge,1992.

7. Tejaswini Niranajana, *Siting Translation: History, Post-Structuralism, and the Post-Colonial Context*, Berkeley: University of California, 1992.

附　錄

《映畫生活》

C・K 生，〈テケツ拜見中止のこご：臺灣の映畫館に對する希望　その一〉，《映，畫生活》，臺北シネマリーグ機關誌，第三卷第 2 號（No11，7 月號）。

KS 生，〈忘れ得ぬ映畫〉《映畫生活》臺北シネマリーグ會報，第一卷第 4 號（1932 年 5 月號）。

KS 生，〈「市街」を見てスタンバーグを評す〉，《映畫生活》，臺北シネマリーグ會報，第一卷第 5 號（1932 年 6 月號）。

LYOLNG，〈歐米の活動寫眞發生史〉，《映畫生活》，臺北シネマリーグ機關誌，第三卷第 3 號（No12，9 月號）。

LYOLONG，〈歐米の活動寫眞發生史〉，《映畫生活》，臺北シネマリーグ機關誌，昭和 9 年 2 月號，No.16。

TN 生，〈「巴里の屋根の下」から「嘆きの天使」まで〉，《映畫生活》，臺北シネ，マリーグ會報，第一卷第 5 號（1932 年 6 月號）。

X・Y・Z，〈映畫の ABC〉，《映畫生活》，臺北シネマリーグ機關誌，昭和 11 年 11 月號。

Y・T，〈外國映畫評〉，《映畫生活》，臺北シネマリーグ會報，第一卷第 5 號（1932 年 6 月號）。

YT 生，〈G メン紹介〉，《映畫生活》，臺北シネマリーグ機關誌，昭和 11 年 2 月號。

YT 生，〈「或る夜の出來事」紹介〉，《映畫生活》，臺北シネマリーグ機關誌，昭和 11 年 2 月號。

アクセル・イングワースン，永田信子（譯），〈故國に於けるガルボ〉，《映畫生，活》，臺北シネマリーグ會報，第三卷第 1 號（1933 年 7 月號）。

エス・エス生，〈あちらこちら〉《映畫生活》臺北シネマリーグ會報，第一卷第 4 號（1932 年 5 月號）。

ジエーブライアン・チヤツブマン，〈ニュービウテイスタンダードハリウッド〉，《映畫生活》，臺北シネマリーグ機關誌，第三卷第 3 號（No12，9 月號）。

はまべかはる，〈私の映畫觀〉，《映畫生活》，臺北シネマリーグ機關誌，昭和 11 年 8 月號。

ヘンー・クロスビー，永田信子（譯），〈クララ・バウ聖林へ歸る〉，《映畫生活》，臺北シネマリーグ會報，第三卷第 4 號（1932 年 12 月號）。

よし江生，〈「刺青奇偶」を觀る〉，《映畫生活》，臺北シネマリーグ會報，第三卷，第 1 號（1933 年 7 月號）。

ルーベン・マムーリアン，〈色彩映畫に就いて〉，《映畫生活》，臺北シネマリーグ機關誌，昭和 11 年 10 月號。

二神哲五郎、志賀一美，〈新映畫の方向：天然色映畫と立體映畫の發達〉，《映，畫生活》，臺北シネマリーグ機關誌，昭和 11 年 10 月號。

三木堯吉，〈「金色夜叉」を觀る〉《映畫生活》臺北シネマリーグ會報，第一卷第 4 號（1932 年 5 月號）。

三木堯吉，〈近頃映畫界毒舌錄〉，《映畫生活》，臺北シネマリーグ機關誌，第三卷，第 2 號（No11，7 月號）。

山下喬，〈有音映畫と解說〉，《映畫生活》，臺北シネマリーグ機關誌，第三卷第 3 號（No12，9 月號）。

山下喬，〈ブロムナード〉，《映畫生活》，臺北シネマリーグ機關誌，昭和 9 年 4 月號，No.18。

山下，喬，〈京町雜記〉，《映畫生活》，臺北シネマリーグ機關誌，昭和 11 年 3 月號。

大久保六郎，〈初秋のメモ〉，《映畫生活》，臺北シネマリーグ機關誌，第
三卷第 3 號（No12，9 月號）。

大久保生，〈外國映畫短評〉，《映畫生活》，臺北シネマリーグ機關誌，第
三卷第 3 號（No12，9 月號）。

大久保生，〈外國映畫短評〉，《映畫生活》，臺北シネマリーグ機關誌，第
三卷第 4 號 No13。

大久保生，〈外國映畫短評〉，《映畫生活》，臺北シネマリーグ機關誌，第
三卷第 4 號 No13。

大久保生，〈外國映畫短評〉，《映畫生活》，臺北シネマリーグ機關誌，昭
和 9 年 3 月號 No.17。

大久保六郎，〈映畫フアン・アフオーリズム〉，《映畫生活》，臺北シネマ
リーグ機關誌，昭和 11 年 4 月號。

木野荒男，〈ムルイフスクツビト〉，《映畫生活》，臺北シネマリーグ會報，
第三卷，第 4 號（1932 年 12 月號）。

木野荒男，〈ムルイフ：スクツビト〉，《映畫生活》，臺北シネマリーグ機
關誌，第三卷第 3 號（No12，9 月號）。

木野荒男，〈FILM，TO，頁 ICS3〉，《映畫生活》，臺北シネマリーグ機關
誌，第三卷第 2 號（No11，7 月號）。

木野荒男，〈ムルイフ：スクツビト〉，《映畫生活》，臺北シネマリーグ機
關誌，第三卷第 4 號 No13。

木野荒男，〈フイルム・トビックス〉，《映畫生活》，臺北シネマリーグ機
關誌，昭和 11 年 5 月號。

木野荒男，〈ムルイフ：スクツビト〉，《映畫生活》，臺北シネマリーグ機
關誌，昭和 11 年 2 月號。

仁志たもつ，〈卓上日誌〉，《映畫生活》，臺北シネマリーグ機關誌，昭和
11 年 2 月號。

仁志たもつ，〈卓上日記〉，《映畫生活》，臺北シネマリーグ機關誌，昭和
11 年 5 月號。

內田歧三雄，〈犯罪都市〉，《映畫生活》，臺北シネマリーグ機關誌，昭和 9

年 5 月號，No.19。

內田哲二，〈映畫短評〉，《映畫生活》，臺北シネマリーグ機關誌，昭和 11 年 7 月號。

白呆句，〈「街の入墨者」鑑賞其他〉，《映畫生活》，臺北シネマリーグ機關誌，昭和 11 年 3 月號。

北海厚，〈市街・誤解〉，《映畫生活》，臺北シネマリーグ會報，第一卷第 5 號（1932 年 6 月號）。

甲斐子，〈臺灣の映畫館に對する希望〉，《映畫生活》，臺北シネマリーグ機關誌，第三卷第 3 號（No12，9 月號）。

甲斐子，〈リユイス・マイルスに就葦て〉，《映畫生活》，臺北シネマリーグ機關誌昭和 9 年 5 月號，No.19。

甲斐子，〈雜文〉，《映畫生活》，臺北シネマリーグ機關誌，昭和 9 年 10 月號。

西國男，〈映畫史小論（第一回）〉，《映畫生活》臺北シネマリーグ會報，第一卷第 4 號（1932 年 5 月號）。

西國男，〈映畫史小論（第二回）〉《映畫生活》臺北シネマリーグ會報，第一卷第 5 號（1932 年 6 月號）。

宅島克己，〈批評的精神について〉，《映畫生活》，臺北シネマリーグ機關誌，昭和 11 年 8 月號。

宅島克己，〈リーグを檢討する〉，《映畫生活》，臺北シネマリーグ機關誌，昭和 11 年 11 月號。

衣井繪須，〈あなたの好みは性欲發散です〉，《映畫生活》，臺北シネマリーグ機關誌昭和 11 年 7 月號。

汪時潮，〈「市街」に就いて〉《映畫生活》臺北シネマリーグ會報，第一卷第 4 號，（1932 年 5 月號）。

汪時潮，〈一九三二年を送る〉，《映畫生活》，臺北シネマリーグ會報，第三卷第 4 號（1932 年 12 月號）。

汪時潮，〈技巧家マムウリアンを「喝采」する〉，《映畫生活》，臺北シネマリーグ會報，第三卷第 1 號（1933 年 7 月號）。

汪時潮，〈歐洲映畫の勝利〉，《映畫生活》，臺北シネマリーグ機關誌，昭和9年4月號，No.18。

汪時潮，〈東京から〉，《映畫生活》，臺北シネマリーグ機關誌，第三卷第3號（No12，9月號）。

汪時潮，〈初冬の便り〉，《映畫生活》，臺北シネマリーグ機關誌，昭和9年11月號。

汪時潮，〈地の果を行く〉，《映畫生活》，臺北シネマリーグ機關誌，昭和11年10月號。

杉山平助，〈僕の見た眞夏の夜の夢〉，《映畫生活》，臺北シネマリーグ機關誌，昭和11年5月號。

作間恒，〈映畫と大眾〉，《映畫生活》，臺北シネマリーグ會報，第一卷第5號（1932年6月號）。

邪奈律夫，〈映畫フアン層の眺望〉，《映畫生活》，臺北シネマリーグ機關誌，第三，卷第3號（No12，9月號）。

松原，宏、岩崎恭平，〈「モロツコ」を讚美する〉，《映畫生活》，臺北シネマリーグ會報，第一卷第5號（1932年6月號）。

松村，健，〈リーグ改革當面の問題〉，《映畫生活》，臺北シネマリーグ機關誌，昭和9年10月號。

東豐，〈毒舌漫談〉，《映畫生活》，臺北シネマリーグ機關誌，昭和9年3月號，No.17。

東豐，〈「彌次喜多」盲評〉，《映畫生活》，臺北シネマリーグ機關誌，昭和9年4月號，No.18。

東豐，〈カヴアルケード雜感〉，《映畫生活》，臺北シネマリーグ機關誌，昭和9年10月號。

東豐，〈島都映畫界上期回顧〉，《映畫生活》，臺北シネマリーグ機關誌，昭和11年8月號。

東豐，〈チヤツプリンと「モダンタイムス」を語る〉，《映畫生活》，臺北シネマ，リーグ機關誌，昭和11年4月號。

岩崎恭平，〈「制服の處女」を見て〉，《映畫生活》，臺北シネマリーグ機關

誌，第三卷第 2 號（No11，7 月號）。

青木敏，〈「市街」を見る前に〉《映畫生活》臺北シネマリーグ會報，第一卷第 4 號（1932 年 5 月號）。

武村克己，〈映畫藝術論の發展〉，《映畫生活》，臺北シネマリーグ機關誌，第三卷，第 2 號（No11，7 月號）。

武村克己，〈興行の問題其の他〉，《映畫生活》，臺北シネマリーグ機關誌，第三卷，第 3 號（No12，9 月號）。

林田重雄，〈臺灣蕃地攝影斷片〉，《映畫生活》，臺北シネマリーグ機關誌，昭和 11 年 2 月號。

神谷千代子，〈シネマ・女性〉《映畫生活》臺北シネマリーグ會報，第一卷第 4 號（1932 年 5 月號）。

面前珍，〈齒痒い話〉，《映畫生活》，臺北シネマリーグ機關誌，昭和 11 年 8 月號。

春木和彥，〈「グランドホテル」妄評〉，《映畫生活》，臺北シネマリーグ機關誌，昭和 9 年 3 月號，No.17。

南文子，〈"未完成交響樂"を待つ〉，《映畫生活》，臺北シネマリーグ機關誌，昭和 9 年 11 月號。

原保夫，〈臺灣における映畫批評の可能性〉，《映畫生活》，臺北シネマリーグ機關誌昭和 11 年 2 月號。

財津茂子，〈あの頃〉《映畫生活》臺北シネマリーグ會報，第一卷第 4 號（1932 年 5 月號）。

高橋正雄，〈リーグの評判を聽く〉，《映畫生活》，臺北シネマリーグ機關誌，第三，卷第 3 號（No12，9 月號）。

高橋正雄，〈リーグ第四年〉，《映畫生活》，臺北シネマリーグ機關誌，第三卷第 3 號（No12，9 月號）。

素淡白，〈映畫フアン漫語〉，《映畫生活》，臺北シネマリーグ機關誌，昭和 11 年 4 月號。

素淡白，〈戰爭映畫への感傷其の他〉，《映畫生活》，臺北シネマリーグ機關誌，昭和 11 年 6 月號。

素淡白，〈記錄映畫の眞實性〉，《映畫生活》，臺北シネマリーグ機關誌，昭和 11 年 10 月號。

素淡白，〈新臺灣風土記〉，《映畫生活》，臺北シネマリーグ機關誌，昭和 11 年 8 月號。

宮崎直介，〈助けてくれ！〉，《映畫生活》，臺北シネマリーグ會報，第一卷第 5 號，（1932 年 6 月號）。

宮崎直介，〈宇禮シユウ〉，《映畫生活》，臺北シネマリーグ機關誌，昭和 9 年 11 月號。

宮崎直介，〈哀惜岡田時彥〉，《映畫生活》，臺北シネマリーグ機關誌，昭和 9 年 2 月號，No.16。

熱血生，〈臺灣の映畫館に對する希望〉，《映畫生活》，臺北シネマリーグ機關誌，昭和 9 年 3 月號，No.17。

笞見恒夫，〈リユイス・マイルストン〉，《映畫生活》，臺北シネマリーグ機關誌，昭和 9 年 5 月號，No.19。

編者西，〈映畫用語辭典（1）〉，《映畫生活》，臺北シネマリーグ會報，第一卷第 5 號（1932 年 6 月號）。

編者西，〈映畫用語辭典（3）〉，《映畫生活》，臺北シネマリーグ會報，第三卷第 4 號（1932 年 12 月號）。

調查部選，〈新映畫〉，《映畫生活》，臺北シネマリーグ機關誌，昭和 9 年 4 月號，No.18。

調查部，〈OVER，THE，WAVES〉，《映畫生活》，臺北シネマリーグ機關誌，昭和 11 年 6 月號。

隆春，〈チヤツプリンとモダン・タイムス〉，《映畫生活》，臺北シネマリーグ機關誌昭和 11 年 7 月號。

夢希生，〈映畫の批評に就て〉，《映畫生活》，臺北シネマリーグ機關誌，昭和 11 年 3 月號。

侗集箭，〈與太者と花嫁〉，《映畫生活》，臺北シネマリーグ機關誌，昭和 9 年 11 月號。

蒲田丈夫，〈春への段階〉，《映畫生活》，臺北シネマリーグ機關誌，昭和 9

年 11 月號。

臺北シネマリーグ，〈「秋の映畫週間」上映候補映畫〉，《映畫生活》，臺北シネ，マリーグ機關誌，第三卷第 2 號（No11，7 月號）。

麓六郎，〈バンクロフト"阪本武"〉《映畫生活》臺北シネマリーグ會報，第一卷第 4 號（1932 年 5 月號）。

鎌原雅次郎，〈最近見た映畫〉，《映畫生活》，臺北シネマリーグ機關誌，昭和 9 年 5 月號，No.20。

《映畫往來》

〈東西映畫作家ブロフイル〉，《映畫往來》第 6 號，高雄シネマリーグ機關誌，昭和 12 年 7 月 19 日。

ETC，〈「新らしさ」を中心に日本映畫の動向〉，《映畫往來》第 6 號，高雄シネ，マリーグ機關誌，昭和 12 年 7 月 19 日。

にしとしを，〈新聞記事的な：映畫ルポルタージユ〉，《映畫往來》第 5 號，高，雄シネマリーグ機關誌，昭和 12 年 5 月 3 日。

メートル生，〈花形女優內密採點表〉，《映畫往來》第 5 號，高雄シネマリーグ機關誌，昭和 12 年 5 月 3 日。

今崎浩二，〈午睡の夢〉，《映畫往來》第 6 號，高雄シネマリーグ機關誌，昭和 12 年 7 月 19 日。

主榮生，〈シネ隨筆〉，《映畫往來》第 5 號，高雄シネマリーグ機關誌，昭和 12 年 5 月 3 日。

主榮生，〈シネ隨筆〉，《映畫往來》第 6 號，高雄シネマリーグ機關誌，昭和 12 年 7 月 19 日。

北風印太郎，〈僕のメモワアル〉，《映畫往來》第 6 號，高雄シネマリーグ機關誌，昭和 12 年 7 月 19 日。

毛利知昭，〈「魯迅と映畫」そのはか〉，《映畫往來》第 5 號，高雄シネマリーグ機關誌，昭和 12 年 5 月 3 日。

毛利知昭，〈映畫散見錄〉，《映畫往來》第 6 號，高雄シネマリーグ機關誌，昭和 12 年 7 月 19 日。

米村耿二，〈センチメンタル：スーヴエール——釜さんの話〉，《映畫往來》第 5 號，高雄シネマリーグ機關誌，昭和 12 年 5 月 3 日。

和田太郎，〈アメリカ映畫と歐洲映畫〉，《映畫往來》第 6 號，高雄シネマリーグ機關誌，昭和 12 年 7 月 19 日。

神原章，〈僕の忘れ得ぬ人の一人〉，《映畫往來》第 6 號，高雄シネマリーグ機關誌，昭和 12 年 7 月 19 日。

南臺のベーガン，〈新映畫評〉，《映畫往來》第 6 號，高雄シネマリーグ機關誌，昭和 12 年 7 月 19 日。

深山正，〈映畫の精神〉，《映畫往來》第 5 號，高雄シネマリーグ機關誌，昭和 12 年 5 月 3 日。

遠木生，〈發聲映畫に就て〉，《映畫往來》第 6 號，高雄シネマリーグ機關誌，昭和 12 年 7 月 19 日。

稻岡暹，〈裸像〉，《映畫往來》第 5 號，高雄シネマリーグ機關誌，昭和 12 年 5 月 3 日。

鈴木たか路，〈兒童映畫の提唱〉，《映畫往來》第 5 號，高雄シネマリーグ機關誌，昭和 12 年 5 月 3 日。

錦光山雄二，〈文化映畫の道〉，《映畫往來》第 5 號，高雄シネマリーグ機關誌，昭和 12 年 5 月 3 日。

《臺灣時報》

〈臺灣宣傳活動寫眞とポスター〉，《臺灣時報》大正 11 年 2 月號，頁 4～5。

〈台灣事情紹介〉，《臺灣時報》大正 15 年 6 月，頁 23。

〈東京における臺灣宣傳会〉，《臺灣時報》大正 15 年 3 月號，頁 20。

〈活動寫眞映畫檢閱〉，《臺灣時報》大正 15 年 8 月號，頁 15。

〈海の豪族〉，《臺灣時報》昭和 16 年 10 月號，頁 140～141。

中村貫之，〈台灣における教育映畫〉，《臺灣時報》昭和 8 年 5 月號，頁 37～39。

原保夫，〈時局とニュース映畫〉，《臺灣時報》昭和 12 年 11 月號。

高橋外次郎，〈臺灣における映畫檢閱〉，《臺灣時報》昭和 6 年 9 月，頁 11

～14。

《臺灣警察時報》

〈合歡、タロコ方面活動寫眞フイルム攝影隊來花〉，《臺灣警察時報》昭和11年4月第245號，頁158～159。

〈防犯映畫の作成〉，《臺灣警察時報》昭和14年6月第285號，頁120～121。

〈防犯映畫巡迴映寫〉，《臺灣警察時報》昭和16年2月第303號，頁133。

〈活動寫眞說明者測驗〉，《臺灣警察時報》昭和11年3月第244號，頁158。

野村幸一，〈警務局映畫檢閱室拜見〉，《臺灣警察時報》昭和11年1月，頁148～150。

《臺灣婦人界》

〈地震と建築を研究に——內地から學者が續續來台〉，《臺灣婦人界》昭和7年6月號。

〈ニュース映畫会〉，《臺灣婦人界》第四卷九月號，昭和12年9月。

〈望春風〉，《臺灣婦人界》第四卷七月號，昭和12年7月，頁137～138。

C.K.B，〈映畫評——望春風〉，《臺灣婦人界》第五卷二月號，昭和13年2月，頁78。

K生，〈映畫を見てのちに望春風〉，《臺灣婦人界》第五卷二月號，昭和13年2月，頁79～80。

大世界館，勝山華城，〈難哉しい宣傳部〉，《臺灣婦人界》第四卷九月號，昭和12年9月，頁132～134。

雨路生，〈小型映畫と光榕会〉，《臺灣婦人界》第一卷第七號，昭和9年12日。

國際館，南里貴司，〈映畫マニア大明神〉，《臺灣婦人界》第四卷九月號，昭和12年9月，頁128～129。

新世界館，高木公城，〈俄然奮起型の生活〉，《臺灣婦人界》第四卷九月號，昭和12年9月，頁129～131。

臺灣劇場，山田昇之助，〈宣傳は言葉の傳染〉，《臺灣婦人界》第四卷九月

號，昭和 12 年 9 月，頁 131～132。

臺灣第一電影製作所所長吳錫洋，〈臺灣第一電影製作所成立聲明書〉，《臺灣婦，人界》第四卷七月號，昭和 12 年 7 月。

《臺灣公論》

〈才人田中美彥君登場——臺灣唯一のニュース劇場生る〉，《臺灣公論》第二卷第十二號，頁 15，昭和 12 年 12 月 1 日。

〈洋畫暗黑時代〉，《臺灣公論》第二卷第十號，昭和 12 年 10 月 1 日，頁 12。

〈なめられた常設館〉，《臺灣公論》第二卷第十號，昭和 12 年 10 月 1 日，頁 12。

〈臺灣映畫學會——愈愈積極的乘出か〉，《臺灣公論》昭和 17 年 3 月號，頁 58。

〈映畫と演劇——關係者の座談会〉，《臺灣公論》第二卷第九號，昭和 11 年 8 月，1 日，頁 10～14。

〈台中・劇壇・銀幕〉，《臺灣公論》第三卷第二期，昭和 12 年 3 月。

〈台中街シネマ展望〉，《臺灣公論》第七卷第二期，昭和 12 年 2 月。

〈多忙の一年臺北映畫界暮る〉，《臺灣公論》第十二卷第二期，昭和 12 年 12 月。

〈これではつらいよ常設館と劇場〉，《臺灣公論》第二卷第二期，昭和 12 年 2 月。

下田喜八，〈映畫のこと 1〉，《臺灣公論》昭和 17 年 1 月號，頁 86～87。

下田喜八，〈映畫のこと 2〉，《臺灣公論》昭和 17 年 1 月號，頁 60～61。

市川彩，〈東亞に於ける映畫界視察旅行を了へて〉，《臺灣公論》第四卷第二期，昭和 12 年 4 月。

高砂夫，〈臺灣映畫界の諸問題〉，《臺灣公論》昭和 17 年 9 月，頁 83～84。

高砂夫，〈「志願兵映畫」について〉，《臺灣公論》昭和 17 年 3 月。

涉谷精一，〈「サヨンの鐘」を觀る〉，《臺灣公論》昭和 18 年 8 月。

《台中州教育》

T.K.生，〈學校映畫聯盟の結成に就て〉，《台中州教育》第四卷第五號，昭和 11 年月 7。

何基明，〈教育映畫は果して面白くないか〉，《台中州教育》第三卷第七號，昭和 10 年 9 月號，頁 45～47。

何基明，〈映畫教育漫談〉，《台中州教育》第六卷第二號，昭和 13 年 2 月。

《理蕃之友》

〈トーキーを觀て驚く〉，《理蕃之友》昭和 15 年 9 月。

〈發聲映畫大好評〉，《理蕃之友》昭和 16 年 2 月第 110 號，頁 6。

視學官，橫尾廣輔，〈映畫御說明の光榮に沐して〉，《理蕃之友》昭和 8 年 8 月 1 日，頁 2。

《映畫教育》

〈大每フイルム臺灣支庫開設〉，《映畫教育》第 47 期，昭和 7 年 1 月。

水野新幸，〈臺灣活映行腳（一）〉，《映畫教育》第 45 期，昭和 6 年 11 月。

水野新幸，〈臺灣活映行腳（二）〉，《映畫教育》第 45 期，昭和 6 年 12 月。

近藤伊與吉，〈「日本映畫史」に記錄された面白い事實〉，《映畫教育》第 47 期，昭和 7 年 1 月。

《臺灣藝術新報》

〈臺北映畫人プロフイル〉，《臺灣藝術新報》第五卷第一號，昭和 14 年 1 月，頁 25。

須磨生，〈衣笠貞之助君を訪ふて〉，《臺灣藝術新報》第五卷第一號，昭和 14 年 1 月，頁 24。

《臺灣藝術通信社》

〈島都の新春興行〉，《臺灣藝術通信社》第一卷第三期，昭和 35 年 1 月。

〈昭和十年臺灣映畫界の霸權は何處へ〉，《臺灣藝術通信社》第一卷第三期，昭和 10 年 1 月。

其　他

〈南方發展史──海の豪族〉,《映畫旬報》第二十九號,昭和 16 年 10 月 21 日,頁 22。

〈阿里山の俠兒十一卷〉,《電影旬報》第 258 號,昭和 2 年 4 月 11 日,頁 55。

〈活動寫眞取締方針〉,《臺灣警察協會雜誌》第三號,大正 6 年頁 72～74。

〈活動寫眞フイルム檢閱〉,《臺灣事情》昭和 6 年第五章第六節,頁 80～81。

〈映畫短信〉,《The, Dance》創刊號,昭和八年（1933 年）七月號,ヒール、ハウス　ダンスリーグ社發行。

山田英吉,〈文化建設と映畫〉,《大東亞建設構想》,昭和 17 年 2 月。

白水生,〈活動寫眞を見て〉,《紅塵》第二號,大正四年七月二十四日發行,臺灣文藝同志會發行。

柴山武矩,〈電影──君之代少年──嗚呼芝山巖〉,《台灣教育》410 期。

鈴木重三郎,〈阿里山の俠兒,十一卷〉,《電影旬報》第號,昭和 2 年 6 月 21 日,頁 68。

飯田心美,〈サヨンの鐘〉,《映畫評論》昭和 18 年 6 月,頁 33。

謝　誌

　　終於畢業了。

　　這本論文的誕生最先我必須要感謝的就是我的指導教授劉紀蕙老師，這一兩年來重複和我一起面對我的論文。不論是架構上的、內容上、甚至連文字上的細小問題都為我反覆考慮。更重要的是，在我寫論文掙扎焦慮的時刻，也因為老師這樣細心的關照使我注意自己的腳步，同時更加安心。

　　另外，就是要感謝我的兩位口試委員呂紹理老師以及黃美娥老師，你們對日治時期精闢的理解與描述，讓我不至於困在自己陝隘的視角。同時，兩位老師的對日治時期研究熱情也感染了我，讓我更加有衝勁。口試的時候，兩位老師不僅鼓勵我，同時更在研究方法上給予我更為清晰的方向，能受三位老師的指導使我深感榮幸。

　　同時要感謝的是 2006 年前往日本收集資料的時候，為我傳真邀請函和給我許多指導的千野拓政老師，還有其他早稻田中文所的同學池田智惠、張文菁、山本律、神谷理惠、Zoe，因為你們的幫助，使我在日本的生活更為順利。課堂上的討論也給予我對於某些異文化與翻譯上新的啟發與想法。當然還要謝謝男朋友明田川聰士，有你的耐心與陪伴，我才能順利地撰寫論文，也因為有你的體諒與寬容，讓我在與論文拉扯的同時也感覺到溫暖。

　　要感謝的還有這幾年來與我共同討論爭辯的社文所學長、姐和同學們，不論課堂上或吃飯時間的爭辯讓我有了腦力激盪的休閒時光。還有共同 Meeting 的 Eno、大姐、晉璇、嘉玲，另外，給我論文相當多意見的封良、芳如。當然，辦公室的慧芳姐也總是對我伸出援手。

　　最後要感謝我的家人，尤其是我的爺爺奶奶，不厭其煩地回答我任何日治時期的生活點滴，我才能更貼近當時的生活。